柒 7 捌 8 玖 9

SEVEN EIGHT NINE

学智路的成长记忆

主　编：程　薇

副主编：沈佳妮　凌晓菊

参　编：（按姓氏笔画排序）

文晓清　邓婷婷　张　丹　胡　迪

钱　粲　龚文巧　康　萍　梁司雨

重庆大学出版社

图书在版编目（CIP）数据

柒捌玖 ：学智路的成长记忆 / 程薇主编. -- 重庆 ：重庆大学出版社，2025. 6. -- ISBN 978-7-5689-5325-2

Ⅰ. H194.5

中国国家版本馆CIP数据核字第2025NB7891号

柒捌玖：学智路的成长记忆
QI BA JIU: XUEZHI LU DE CHENGZHANG JIYI
程薇　主编

策划编辑：蹇　佳　　责任印制：赵　晟
责任编辑：杨　扬　　装帧设计：崔　琦
责任校对：谢　芳　　内文制作：常　亭

重庆大学出版社出版发行
出版人：陈晓阳
社址：（401331）重庆市沙坪坝区大学城西路 21 号
网址：http://www.cqup.com.cn
印刷：重庆升光电力印务有限公司

开本：720mm×1020mm　1/16　印张：9.5　字数：133千　插页：16开16页
2025年6月第1版　　2025年6月第1次印刷
ISBN 978-7-5689-5325-2　　定价：58.00元

前　言

从渝中区北区路 51 号到高新区学智路 789 号，提笔，思绪不免追忆来时路。

萦嘉陵晨雾，沐枇杷晚照，重庆市巴蜀中学校如一粒深植沃土的种子，自 1933 年山河飘摇的秋天破土而出，便以教育报国的赤诚在巴渝大地书写传世华章。琅琅书声穿透战火硝烟，这融贯中西的现代学府，用知识星火点亮西南教育的天空。

新中国成立后，这所承载着民族希望的学府迎来了新生。邓小平同志“一切不动，只许办好”的殷切嘱托，让巴蜀中学校成为新时代的育人摇篮。

历经岁月淬炼，巴蜀中学校始终与民族命运同频共振。1978 年荣膺四川省首批重点中学桂冠，1991 年恢复校名重拾文化根脉，新世纪以来续写辉煌，巴蜀人用九十二载光阴诠释着何为“教育报国”。

嘉陵江的浪涛奔涌向星辰大海，巴蜀中学校的文脉在西部科学城的沃土上舒展新枝。2020 年重庆高新区管委会与巴蜀中学校执笔共绘教育蓝图，“合作共建巴蜀科学城中学项目”恰似母亲将珍藏百年的精神火种，郑重交付开拓未来的赤子。

2021 年首届学子怀揣“报效祖国”的誓言踏进校园，师长以巴蜀百年积淀为砚，以科学创新精神为墨，书写着新时代的教育叙事。2022年9月，学智路789号校区的菩提树迎来第一缕书声，让百年名校的精神根系在科技创新土壤中愈发茁壮。

2022年9月操场整齐的班级方阵，震耳欲聋的鼓声，腾空而起的彩雾……这便是初2025届少年与巴蜀的初相逢。一双双稚嫩的眼睛，充满了对未来的憧憬与希望。彼时遥望三年后的今天，千余个昼夜的刻度仿佛银河般遥远。而学校领导班子，立下无声的誓言：与师生共执光阴之笔，以信念为墨，以勇气为砚，在时光卷轴上共绘成长的长诗，共同书写出一份满意的答卷。

转眼间2025年7月即将如期而至，当初懵懂的孩子，已蜕变为廊下执卷论道的翩翩少年。他们的目光早已穿透教室的窗棂，看到鲲鹏振翅的九万里长风，还有广袤的大地、浩瀚的海洋、璀璨的星空……所有已知的、未知的，都将属于他们。

蓝花楹三度开落，初2025届终以独一无二的姿态被镌刻进校史——他们是学智路789号完整见证的初代星辰。总想为这段三载春秋封存些印记，却发觉什么都不如他们自己的文字、笔墨、色彩和影像珍贵。于是《柒捌玖：学智路的成长记忆》在晨读暮省间悄然生长，如一枚被光阴窖藏的琥珀，等待启封时漫出蓝花楹下特有的光影芬芳。

《柒捌玖：学智路的成长记忆》作为一部初中生作文集，恰似少年掌心捧出的星辰图谱，三载春秋的墨痕在纸页间蜿蜒成河。他们用笔记录他们的点滴成长与感悟：镌刻着少年向国旗敬礼时的滚烫心跳，也沉淀着方言童谣里外婆手心的温度；既编织着临摹《兰亭序》时洇染的墨香，又封存着母亲饭盒里四季不散的热气。每一帧言语都丈量着逐渐丰盈的精神海拔。

初 2025 届一共有 500 多名孩子，这本作文集不可能收录每个孩子的作品，这是有些遗憾的，但请相信：每一粒在学智路 789 号抽穗的麦芒，都深嵌在这方土地的年轮里。这里是你们永远的家，欢迎你们随时回家。

深深地感谢巴蜀中学校的领导对初 2025 届孩子的关心，感谢初 2025 届全体老师的辛勤付出，感谢初 2025 届的各位家长，当然最要感谢的是这群阳光少年，最璀璨的星光永远属于那些追光者，是你们用奔跑的足音，将晨曦谱成了成长的华章。

亲爱的孩子们，中学生活的结束是新的起点，你们即将踏上一段新的旅程，愿这本书能化作一阵微风，带去最坚定的支持、最真挚的祝福和我最深切的期望。请记住：勇敢，是你们最坚实的盔甲，面对未知与挑战，愿你们无所畏惧，勇往直前；自信，是你们内心不灭的灯塔，照亮前行的道路，让每一次尝试都成为成长的阶梯；从容，是岁月赋予你们的智慧，让你们在繁忙与变化中保持一颗平和的心，享受旅途中的每一刻风景。

在未来的日子里，或许会有风雨，但请记得，每一次挑战都是成长的契机，每一次跨越都是对自己的超越。让我们携手前行，在各自的领域里发光发热，共同书写属于青春的辉煌篇章。

我们的征途不仅仅是脚下的路，更是那遥远而璀璨的星辰大海。

程　薇

2025 年 5 月

目　录

卷一

山川风物

槽声摇碎烟雨，青石板洇开墨色年华

卷二

器以载情

旧物凝光阴琥珀，方寸藏山河倒影

卷五

拔节之声

少年涉川知冷暖，暗夜行舟见星芒

卷六

记忆成诗

老照片泛黄如叶，旧时光沉香若檀

卷七

生命礼赞

草籽破土即惊雷，枯枝抽芽胜梵音

卷八

刹那永恒

蝴蝶振翅成飓风，露珠折射大千界

卷一 山川风物

橹声摇碎烟雨，
青石板洇开墨色年华

雨蒙蒙兮，瘦江南

一朝入姑苏，满眼是江南。

——题记

观冬雨蒙蒙，落了几日的牛毛，仍在淅淅沥沥。漫步在苏州烟雨，水汽氤氲里，同里古镇的大门闯入我的世界。

摆脱了故乡的干燥，感受着江南的润泽，任凭湿润柔情的空气滋养我的一呼一吸。闲步间，漫不经心的一瞥，便偶然地看见游人和居民挤满了街门，几句吴侬软语，温情了江南的雨季。

青砖灰瓦，绿水浮漾。

走在古镇翠色的石板上，苔痕从墙角延伸到本就不宽敞的小路中央，那浅绿、翠绿、深绿、墨绿，层层叠叠，愈远愈疏，绿得静幽，绿得热烈。左右没有了市井的繁杂，也没有了如织的喧嚣，极目一眺，空无一人。我多想如这身旁触手可及的老旧小房一般，成为文化的瑰宝，屹立在悠久的时间长河中，看历史的云卷云舒，瞧人们行走在江南氤氲的翩翩细雨里。

复行数十步，古河流入灰房之下，眼前登时变得狭长，偶见几位耄耋闲坐在马扎儿上，悠然地看过往漫漫尘烟；或逢见江南美人，身着菡萏的罗纱，送给行人一个无声的莞尔，似清风从你身旁拂过，便消失在另一个巷道转角。继续彳亍，走出古色古香的巷子，眼前豁然开朗，那从厚实的云层中透过的点点微光，可怜又可爱地还要被矮房子遮住些，构成明暗两方天地。

抬望眼，天空泛起一片涅白，雨蒙蒙，似下非下，湿衣润肤。蓦然撑伞，听雨滴在伞面滑落的悄然，落进身旁流动的翡翠，那脆鸣似跳跃的音符，穿行在清漪的五线谱里。

伫立桥头，一艘乌篷驶过，近听船夫唱着吴侬小曲，那掩不住的柔情似水正在热烈地流淌着，与方才的雨落更是一起，弹弹唱唱，甚是妙哉。船两侧流水拍岸，远处流水奏琴，清溪在石上走过，偶有几尾红鱼，伏于石间，如夜间火光之一闪，而那浮在浟浟水面上的乌篷，载着摇橹的船夫和缥缈的歌声。两岸石壁，青岩黛瓦，构出了一幅古朴，那独属于江南的美。

同里古巷，古色传香。

再折进一段石板路，穿行在静谧的无人巷，弯弯绕绕，耳边依旧响得起水声的潺潺和歌声的细柔。居住在此的人儿啊，每天眼前映现的尽是如诗如画的江南一隅，勾起我定居于此的期许，让千古传承的灵气如一滴浓墨在心间晕开。

打足精神，近黄昏时，拍一拍疲乏身躯，向居民区继续深入。乘船而去，粉墙黛瓦，墙头马上，花鸟虫鱼，一隅素白，简笔素描，藏着几世的清欢，村巷幽幽，溪埠有少许人在借着流水洗菜捶衣，与民居相融，相得益彰。那典型的徽派建筑，粉墙、窗棂、门楣上刻着花鸟虫鱼，栩栩如生，美得深邃，美得清幽，与世无争，留下亘古的故事。

古往今来，有多少文人墨客远迁于此，只为一睹江南的无言之美。乾隆曾六下江南，白居易为江南留下了山塘街。江南濡养了中国源远流长的文化，这份独属于中华民族的文化自信，早就成为我们中国人的心灵栖居，这份气度，更应当一代代地传承下去。无论历史的变迁，世事的千变万化，瘦江南的同里古镇永远屹立在苏州的细雨里，永远在浅绛的天空下散发她不朽的光辉，永远在人文的长河里沉淀，这朵文化之花，盛开了，诉说了，这生活中最美好的诗意，这份她所带来的自豪和文化底蕴在每一位中国人心中流淌！

初 2025 届 1 班 张亦弛

游西湖

生于杭州，长于西湖之畔，这片良景于我而言，是儿时的“百草园”，是成长的见证者，是心灵的归依处。岁岁逢春，总沉醉于那烟雨中的湖光山色，每一寸空气都氤氲着熟悉且眷恋的气息。这气息，独属家乡杭州，独属西湖。

我常沿湖边漫步。路边，垂柳绿丝如绦，随风摇曳，轻拂布满苔藓的石台，藏匿着我回忆的脚步。曾在那老柳树下与好友嬉戏，坐上石凳听老人讲西湖奇闻，桩桩件件皆是家乡留下的宝藏。轻踩在覆上尘土味的芳草，能俯见群鱼畅游，与涟漪中破碎的自己。“醉翁之意不在酒，在乎山水之间也。”此时，目之所至，皆是美景醉人，神如酣饮。

伫立湖岸，远眺所至，便是那“断桥残雪”。断桥，因孤山之路到此断而得名。每到冬末春初，雪后初晴，伫立于断桥中放眼望去，是白茫茫的雪山，皑皑的雪峰。天际，浅绛褪去，满泛白光。此时，在阳光的照耀下，山巅被打上少女羞粉的胭脂，而山腰映射着静谧的青葱。浮翠流丹，美不胜收。这一迹浪漫，穿梭古今，是独属杭州孩子的“童话”。

“欲把西湖比西子，淡妆浓抹总相宜。”

我们踏歌前行，行至断桥，好一睹西湖佳颜。桥上游客络绎不绝，或驻足欣赏风景，或摆出各种姿势拍照留念。遇见乡邻，相视一笑，点头问候，笑容中溢满身为杭州人的自豪与惬意，滋味别样。断桥两侧，鸳鸯成双入对地游弋，一黑一白，在水中翩翩起舞，时而相互梳理羽毛，时而依偎，恩爱有加。常有洁白的身影掠过湖面，轻盈而优雅，那是白鹭。细长的腿轻踏于水面，悄无声息。它们伸直脖颈，于草长平湖极目远眺，与身后观赏它英姿的游人相映成趣。此时，万生融洽，共享一方水色。西湖之美，名不虚传！

“轻舟短棹西湖好，绿水逶迤。”

在断桥上平望西湖，湖面上，几叶轻舟漂摇。小舟上的船夫，身着青衣，头戴斗笠，手持竹篙，立于船之尖梢，悠然自得地摇动船桨。船上的人或品尝美食，或欣赏美景，或高声谈笑……耳畔不时传来邻里老友带吴侬软语腔调的乡音，软糯亲切，独有韵味。湖面荡起微波，光如碎金，一隅清白，藏起一世清欢。四周被郁郁葱葱的树木包围，远处，山峦起伏，显得格外宁静。此时此刻，我也融进了这美丽的画卷之中。

在众人的喧嚣中静下，空气氤氲着润泽，瞭望远山被云烟萦绕时，方不禁幻想。据说这西湖是许仙与白娘子的定情之地。我确能看见“风雨如酒柳如烟”，也能想到数百年前，那摇船的渔夫，正如我今日看到的这般，穿戴箬笠蓑衣，载着同船渡湖的有缘人。也能看到明朝的雪融为了细雨，雾凇沆砀，天下一白，舟中的张岱沸酒灌肚，怀国长息。我见痴人客居，怀念故国，思绪突然被拉回到如今。此时，游人来往不绝，是闲情逸致，更是国泰民安。西子湖畔，碧波荡漾；繁花细柳，织就繁华。西湖非湖，而似滚滚红尘的梦，似缠绵悱恻的歌，似豪情壮志的酒。西湖的水不是水，而是文学的长廊。

透过清澈，我阅尽的是历代的传说与长情。在这个被山水文化洗练的地方，每一世光华，每一处景致，都深诉西湖风采，道尽杭州底蕴。每一个脚印，都叠着往昔回忆；每一眼凝望，都满是家乡深情。生于斯长于斯，西湖于我，是心间永不褪色的绝美诗画，是杭州这座家乡城最璀璨的明珠。

初 2025 届 1 班 胡馨月

梦入江南烟水路

江南无所有，聊赠一枝春。

——题记

如烟雨中的春里江南，美得温柔，美得让人难忘。

我们是一路驾车披着疲惫来到西塘的。初来乍到，天空便下起了牛毛般的细雨，沾湿的衣鞋和沁骨的凉意都让我们倍觉扫兴。

然而索性舍去雨具后，江南的景色反倒别有雅趣。沿街而立的建筑，青砖黛瓦之间透出古老而又亲切的气息，一千多年的人烟被我尽收眼底。柳叶轻舞，鸣声嘤嘤，流水纤纤，云舒云卷，风起风止，朦胧了江南，氤氲着江南。

离开西塘后，雨势还不减弱。驱车赶到乌镇，白墙灰瓦肃立在河边，对称而素朴的花窗为这静穆打开呼吸的渠道，烟云萦绕在江南水乡之间。雨一丝丝积成溪，雾一缕缕聚成云。小溪淌过青石板，流向远方，流向属于它的江与海。溪水载着树木往前走，那是年轮与时间的重合，时光就从我们脚边流走了。

我们罢别乌镇，雨势渐小，一路到了周庄。雨后的周庄，泥土芬芳，青苔满阶。到了暮时，晖光初现，素雅的古居和斑斓的石板路相映成趣，一同推着我与阳光撞了个满怀。斑驳的树影和夕阳在窗棂对话，春风越过回廊与水波相互撩逗。江南如此多娇，引得佳人才子竞相邀！苏轼看到今日的江南也许会欣慰万分吧！“休将故人思故国，且将新火试新茶，诗酒趁年华。”这是苏轼的愿，他早已把江南看作他的灵魂栖所，化解着忧与愁。江南，细水长流，蝶飞蜂舞，成为一代又一代文人雅客的寄身之所。

夕阳斜落，领着迁客骚人的诗词向前走。街头转角眼见一家静静矗立百余年的国画店，光阴交错，见证了四季更迭，更见证这片土地的盛衰往来。壁橱上的画，是在用画笔勾勒山野历史的年轮，用砚台研磨雅好风趣者的精神寄托。

慢慢走，慢慢领悟过去与现在。

“君到姑苏见，人家尽枕河。”河里流淌着的，是幸福与安宁。江南是一片净土，浸润心灵，我愿意长留于此，跟随文人脚步，忆昔守今，漫步江南烟水路。

初 2025 届 10 班 沈筱桐

美不止挺拔

挺拔是一种美，但美不止挺拔。

——题记

是冬，所以满目凋零。寒风是刺骨的，撞着窗子砰砰作响，还有一截枯木，在风中摇晃，用曲折枯朽的枝在窗上乱打一通。终于无法忍受了，横下心开窗，欲将其连根拔起。枯枝上的刺在手心里展开血花。罢了。

它是刺槐。并不理解作为一种树竟然将根枝曲折到了藤蔓的地步。树必须是挺拔的，不是吗？它是丑陋的。剪下烦人的枝桠，丢弃，不再管它。

窗子里没有人了，窗子外没有寒风了。时间沉默不语，暗自酝酿奇迹。

归来是春日，欲开窗拥暖风和清新入怀。但开窗一霎，迎上满树雪白。

那是一丛白花，我看见。无数的白色凝聚成花瓣，一朵接着一朵簇拥着，隔着叶的缝隙一个个向外窥探，像是在害羞着。春风轻起，一树纯洁化作优雅端庄的女子，在风中与芬芳从容地伴舞，清透的香气在浑浊的天空中晕染开来。这位女子的面纱被轻轻地撩起，无数雪白傍着暖阳绿叶的衬托，在沉默中盛放，于是满丛白花揽清风，清香蔓延到窗内的每一个角落，提纯了魂魄。

于是我叹然，叹自己的无知与妄断。那寒冬的枯朽毋庸置疑是丑陋的，但是也许，这就是刺槐保护自己的方式。它或许不似参天古木般挺拔，但它有着最为顽强的意志，积累着死地必生的信念。那些尖刺永远不会被抹平，它用这份锐利直指寒冬的心脏，在沉寂中杀出了一条生的希望，点亮来自春天的独有芬芳。

它原谅过去的苦寒与狂风，捡起在冬日未能开放的遗憾，然后默默地积累，找到春，拥抱春，绽放在春。

为何一定以挺拔为美的评判标准呢？白杨笔直参天是美，而刺槐的曲折回环就不美了吗？我们总是认为一件事物可以用名来决定它的性，但是刺槐用它的经历警醒我们：没有什么事物是生来应该的。它用它的精神，它的信念告诉我们：万事万物生来就是不凡。大多数挺拔不代表挺拔就是唯一的标准，大多数的“必须”并不代表其正确，少数的存在同样值得被理解，被尊重，被歌颂。

挺拔是美，曲折也是美。外在不是一切，内在才是真理。没有应该，只谈存在。

初2025届9班 唐麟杰

去有风的地方

山山而川，征途漫漫。

——题记

孤风星罗棋布，彩霞漫天飞舞。随着彩霞消失在藕花深处，荷花动水后的凉风，钻入池城的每一处，这个夏天，让我们一起感受属于云南的二十二度。

花枝不断四时春

“治愈一座城，只靠一枝花，花期有时，浪漫无限。”从西南小城出发，一路向南自驾，在日落时分到达昆明，黄昏下的落日余晖穿过点点云层，是“春城”赠予我们最温馨的油画。白居易说“人间四月芳菲尽”，而昆明却是“花枝不断四时春”。万物沐浴在金色的光辉中，夏花盛开，花叶扶疏，她们或娇艳、或清雅，宛如生命的诗篇，在风中轻轻吟唱。不经意间，点缀了街头巷尾的每落幽香，如丝如缕，与绿意唯美交织。

自然之美，是微风拂面的舒适，是鸟语花香的宁静，是绿荫斑驳的惬意。

千年古邑眺云天

随着微风的脚步，来到了大理古城。街巷中，青瓦白墙如一幅水墨画，黛青黑的砖块铺满地面，充满浓郁的古朴气息，璀璨的灯笼高悬，将古城点缀得如诗如画，仿佛置身于一场盛宴。街巷中弥漫着各种小吃的香味，还有琳琅满目的商品。其中最具特色的，是水墨蓝的扎染手工品，它是白族的标志，是天空的拓印，是文化的寓意。

人文之美，是当地的淳朴民风；是小巷的烟火气息；是民族的千年瑰宝。

皑皑白雪覆山川

从大理到丽江，一路海拔升高。“来丽江，总要去趟玉龙雪山吧!”来到雪山脚下，仰望那无穷的山顶，一起见证日照金山的奇迹。聆听牦牛的低语，欣赏上天赐予人间的蓝宝石。“恰似人间惊鸿客，漠然星辰云水间。”我的神思从这儿流向更远。雪山以其永恒的壮美诉说时间的沧海桑田，让我们在平静中感受自然的伟大与神秘。山顶的积雪在金黄的阳光下如同银白的瀑布倾泻而下，雪花纷纷飘扬，每一片都是独一无二的艺术品。它们或许微小脆弱，却有无限的力量和韧劲铸就其永恒不变的庞然。

永恒之美，是这无数个脚印所记录的一个又一个历史瞬间；是绚烂生命力的展现，是沧桑岁月中不变的容颜。

拿起画笔描绘出五光十色的云南，它的每一砖每一瓦都在诉说千年的历史，抑或是自然留下的芬芳，抑或是文化传承的风韵，抑或是永恒不变的壮阔，我们向云端倾诉，抚摸每一个绚烂的生命。我画下的，是一幅浓墨重彩的画卷。

初 2025 届 5 班 杨紫涵

写给九月

倘若岁月给我一把剪，
我会剪下一叶金秋。
再描摹出你的轮廓，
用银杏的裙摆勾勒出徐风杨柳。
试图复刻，
白鹭飞过的匆匆。

你滚烫的影子烙印在我心头，
我满心欢喜的，
拾起残叶向你奔去。
只见，
一抹斜阳落远山，
一江明月照沧海。

你是我陌生的故人，
有水一般挽不住的躯体，

有岁月磨不平的灵魂。

倘若哪个秋夜，
你化作云敲响我的窗户，
我定会掏出那时的银杏，
是封存在我心中永恒的思念。

初 2025 届 9 班 胡锦琳

撞春归

绯云朱颜

临霞昭昭

末时，再开旧年花

初 2025 届 14 班 刘静可

卷二

器以载情

旧物凝光阴琥珀，
方寸藏山河倒影

窗景

窗，像一位忠诚的哨兵静静地地伫立在那里，无论何时都不曾改变，未曾离开。而寸步未离的哨兵，目睹着窗外绚丽的风景时时刻刻在辗转、在变幻。正如古人云：“一时一景一心境，一花一景一世界。”

犹记得孩提时，奶奶喜欢在窗下种花。那粉嫩而白皙的海棠花尤为记忆犹新。它在清晨雨露的装扮下晶莹粉润，格外芬芳动人。而记忆中，阳光透过百叶窗轻柔地洒落在房间里，顺着光线从百叶的缝隙望去，那头正是一条热闹非凡、充满市井气息的老巷，叫卖声、欢笑声充盈着整条巷子。巷口处栽着一棵梨树，那枝丫刚劲挺拔但又不失一丝温柔。每当阳春三月，那满树的梨花在阳光的照耀下尤为迷人，雪白的花瓣泛着淡淡的红晕，宛如初恋少女般娇羞，令人陶醉，更有那独有的清香散漫在小巷里，浸润着这里的每家每户。这香气不只沁入人们的鼻尖，同时也偷偷散进了人们的心中，久久不能挥去。然而，到了凛冬之日，小巷又是一番别的模样。雪花轻盈飘落，如同冬日里的精灵，轻盈地舞动着白色的梦幻。古老的小巷被粉饰成一位银装素裹的孩童，在欢快地翩翩起舞。白雪纷飞的窗外，正如那诗中的“软红光里涌银山”一般。一阵微风吹过，还能隐约闻见那角落里逆着风雪盛开的腊梅香，那香气轻盈地穿梭在小巷凛冽的空气中，如同冬日里的一缕温柔，悄悄地沁入你的心扉。她在白雪的覆盖下，依旧是那么艳丽，那么芬芳，虽不张扬却持久而深邃。可谓是“梅须逊雪三分白，雪却输梅一段香”。

如今，我奔赴远方求学，一路上虽遇见了不少绮丽的景色，可对家乡的风景却是越来越眷恋了。我也曾在中秋佳节赏“海上生明月，天涯共此时”的皎月，也在雄伟壮丽的滕王阁望“落霞与孤鹜齐飞，秋水共长天一色”的水天相接。这些被千古才子共同咏赞的物华宝地怎么能不美呢？但景色终究也只是景，它们或许能在游人的心湖里激起一丝丝波澜，泛起一圈圈涟漪，然而人们的心中总有一处无法释怀的角落，那便是家乡的景为何不再如记忆最深处的那样美好？或许，是因为我们都在成长，都在变化，那份对家乡的眷恋和记忆却永远留在了心底吧。

上次回家，我再次看到那扇熟悉的窗，可它似乎也仅仅是一扇陋窗，奶奶精心栽种的海棠也似乎没有从前那般娇媚了。我缓缓走下楼，环顾着四周，突然发现，这里的模样已经大不同从前。那棵曾经散发馨香的梨树，如今只剩下光秃秃的枝干；曾经平整的小径，在人们多年的踩踏下，已碎成了斑驳的石板路，上面爬满了青苔，坑坑洼洼的积水随处可见，仿佛它原本就是这副残破的模样。我不觉困惑起来，为何这里变得如此残破不堪？直到我发现奶奶脸上深深的皱纹，我想我的心中也许已经有了答案。

我们的一生，会经历旭日东升，也会遭遇夕阳逶迤。路过的风景一直都在变幻，经历的时光也总是在悄悄地溜走。而这扇窗，却见证了岁月的变迁，仿佛在提醒人们：要珍惜的不仅仅是眼前的景色，更重要的是学会珍惜身边的人。无论景色如何变幻，心中那份记忆和情感却永远不会改变，那些陪伴我们走过岁月的人，才是最值得我们珍惜的宝藏。

初 2025 届 5 班 熊墨可

枯叶向阳

深秋与初冬交织的时节，空气像调色盘，每一种气味都叫嚣着涌来，雨后更是猖獗。在一条幽深的长街里徐步前行，落叶在脚下脆裂出清脆的响声，在耳边忽远忽近，像接连划过的肿胀的彗星。

我拎着塑料袋在街上闲逛，正因无法完成手工作业而苦恼。脚下忽地传来“咔呲咔呲”的脆响，低头，只见从脚下一直铺到视线尽头的落叶，或卷，或躺，或倚，或翻起，像一波波浪潮涌来，覆盖了地面。

我心中已有了手工作业的灵感，蹲下身子，捡好看的枯叶做拼贴画。我像一只松土的蚯蚓，在地上匍匐前行，找了许久，但一片完美的落叶都没找到……它们要么是颜色暗沉，要么是边缘残缺，最显著的就是被虫蛀出的参差不齐的窟窿！

我拿起一片千疮百孔的落叶，反复端详。这次的突然靠近，令我闻到了枯叶的味道。微弱、渺小、醇厚，类似原木。我摇摇头，这并不太美妙，破碎的掉落的叶片充斥着秋日悲寂凄凉的意韵。但它可是我手工作业最后的希望了：我仍不愿放弃。将它举高过头顶，阳光穿不透它阴沉的叶片，倒是叶脉清晰得要在阳光里消融。我举着它往前走了几步，瞳孔与它最大的虫洞连成一条线。

突然，一道刺眼的白光直直射入我的眼球，我吓得一个踉跄。眼皮再次掀开时，只能看到晃动的黑斑。我揉揉眼球，手中举着那片枯叶正在阳光下熠熠生辉。它的每一个孔洞都漏出一束束的光亮，边缘都绽放出了美丽的绒毛，仿佛众神向人间垂下的鱼线，此刻化作一片瀑布，从树叶的虫洞开始，时光折叠般倾泻。我又拾起地上其他千疮百孔的枯叶，数量的增多，也让树叶间漏下阳光的景象更为神奇。

“万物皆有裂痕，那是光照进来的地方。”被蛀虫啃食的枯叶也许并不好看，从来都是世界的配角，但换个角度，它们却能倾泻出最为鲜艳、具象化的光亮。万物皆有缺陷，或大或小，追求完美意味着封锁住枯叶背后的阳光，但坦率地接受自己的缺陷，即使匍匐大地，也终会有阳光从你的身体里经过。

初 2025 届 2 班 黄雅可

木玩具

今年长假，终于从忙碌的学业中抽出喘息时间的我，与哥哥一起回了老家。时隔十年，从前的布衣女孩终于再次回到了这座伤痕累累的小木屋，只是物是人非，小屋早已没了生活的气息。正收拾杂物间，一个老旧的红木盒从柜子的夹层中落下，看着那熟悉的盒子，打开，一个木制的小熊静静地摆在里面，好似一把无形的钥匙，打开心底最深处的锁，回忆也似洪水一般，汹涌而来。

童年，是晦暗的。消失不见的爸爸，外出打工的妈妈，进城上学的哥哥。好像只是一晃眼，他们都变得很忙，忙得只留下我一个人待在原地，像是一个没人要的玩具，机械地、木讷地继续生活。仅剩的温情还是被争吵撕裂，乡里人只当是茶余饭后的闲谈，拍拍我的肩，夸我懂事。温暖的时光是有的，但还是像一阵风，我抓不住。

因为家庭的缘故，我从小就不敢说话。怕说错话，被人嫌弃；怕索要，被人厌恶。每每看见班里同学抱着父母从城里带来的玩具炫耀，我都只能心生羡慕地远远地看着。

那时家里除了我就只有奶奶。奶奶是个粗人，做什么都大手大脚的，她不懂什么城里乡里的，她只是尽她所能，给我东西。别人有的，我也一定得有。

有一天，不知是不是她看见了我看同学的模样。刚一回家，她就从围裙里拿出一个木制的小熊玩偶。我待在原地，脑海中又想起白天同学抱着她那只昂贵的生动的玩偶熊大笑的样子，不甘和委屈深深地扎进心脏。我愤怒地将那只木偶熊摔在地上，摔得四分五裂，看不出原来的样子，口中大声哭喊着："不是！我要的不是这个！你什么也不知道！"赌气地冲进房间，又将房门锁上，只留奶奶一个人站在原地。

但刚一坐在书桌前，我就有点后悔了。这是我第一次对奶奶发火，奶奶会不会因为生气也不要我了？可我紧紧地攥着拳头，怎么也不肯低下头来，复杂的情绪将我包裹，我只能烦躁地拿出作业，可怎么也冷静不下来。为什么，就不能有人来爱着我吗？为什么要把我一个人丢在这儿？泪水溢满了眼眶，我想用手掩藏起来，可泪水已经从指缝中流下来，怎么止也止不住。

后来，我就投入到繁重的学业当中，也终于被接进了城里，生活变得越来越好，可还是觉得心里闷闷的，似乎有一个瘦小的身影藏在里面。十年后，当我再次回来时，那个身影早已消失不见。

轻拂木偶熊，上面的裂痕依旧显现着，可早已看不出当时的痕迹。看着它，我好像看见了那个瘦小的身影，在无数个我不知道的深夜里，孤寂地坐在院子的台阶上，一点一点地将早已看不出顺序的碎片重新拼好。

我不爱说话，她就帮我说；我不敢索要，她就将我想要的捧给我。我不是没人要，我是奶奶最心疼的珍宝，即使破裂不堪、伤痕累累，她也愿意用鲜花和爱将我的心灵填满、修好。她愿意等，等到春暖花开，那张沉默怯懦的小脸上再次绽放笑容。

藏着的爱在裂缝中被发现，温暖的光从叶片的残破中投下。木偶熊不再是沉默不语的，每当我看向它时，就会有个声音告诉我：我在被爱。

初 2025 届 11 班 娄力扬

父亲的锄头

浓浓乡土，悠悠寸草。红日圆浑，倚靠着黛青的山，穿透袅袅烟云，攀升起来，那人与那锈迹的锄头回荡在乡土的每一寸。

我的父亲有一把锄头，一把老旧破烂的锄头，锈迹斑驳，说不清究竟是锈还是泥土。原木的锄头杆儿，蜡黄的涂层下树瘤的痕迹静静地躺着。我记事以来这把锄头就始终在那里，先前是锃亮的，精气神十足，很能配得上正值壮年的父亲，而现在却被泥土与岁月湮没了，摧残了……

“咚！咚！咚！”是父亲又在修理那把烂锄头，这把锄头已散架多次，早应“寿终正寝了”。我想，不如扔了，再买一把更好的。但父亲常倚着那锄头，笑而不语，望向远方的落日，不同于初生的红日，它渐渐隐没在山的身后，仍用不可泯灭的光抚摸满山的花草树木，每一寸土地。

可我却只感到奇怪，旧的东西就该扔掉啊。

不知何时，我站在二楼的看台里看红砖绿苔，正是一个大好的清晨，太阳起得很早，清早凄冷的山野，因晨光而增添了一份视觉上的温暖，然而农村洁净的空气里弥漫着的清凉依旧让我微微颤抖。忽然，父亲的身影出现在远山上的小路上，背后是青山与土地，似乎一个点渐渐在朝霞陪伴下放大。到了近处，才看清，父亲身披霞光，戴着一顶毛边的草帽，嘴里衔着一根狗尾巴草，短小的绒毛活泼地随步伐跳动，肩上荷着那把锄头。葱绿的树林、明亮而温暖的霞光，与带着泥土芳香的微风交织在一起，衬托出一幅深远又惬意的荷锄农归图。

父亲荷着他的锄头，似乎不是一个人上山下山，他们像一对亲兄弟，倚靠着彼此，散发着团团温暖。阳光的出现更烘托出一种喜悦，父亲笑着，锄头也笑着，任泥土也掩盖不住。父亲又开始修锄头，以前我只是听那烦躁的咚咚声，而今我就这样看着。父亲搬来一个小板凳，弯着腰坐下，用斧头劈了一块小木块，卡在锄头与锄头杆的联结之处，似乎不太合适，又换了一块，咚咚咚地将木块打进，牢固地卡住，咚咚咚……在清晨寂静的山谷里回响。

锄头松了，就修修补补重获新生。因为那锄头是父亲的青春年华，是泪与汗的回忆，是一个农民至高无上的荣誉。父亲与锄头就像农民与土地，农民一生与土地相伴，就好似生长在土地里，孕养着乡土的气息，尽管劳累。土地则任由他们犁开自己的心，滋养着他们的生活。

初 2025 届 3 班 杨韵

似牵牛无视纠缠独自开花

小区后的那条路依然喧嚣，晚间散心时，被路旁一片纠缠的绿意吸引。

蹲下细察良久，夕阳下，一些人影匆匆，在我背上重叠交错。

哦，原来是缠在一起的葡萄藤和牵牛！都还未开花结果，都只是初生吐绿，像一团绿色的钢丝球，令人心乱如麻；如一张翠逼人眼的幻网，看一眼就将人捕去，深陷其中，无法脱身。

我凑近一点，发现牵牛的叶子干瘪而皱，白色的小茸毛如将出的泪；葡萄树的叶子大而张扬，像张开的烈爪、嘲讽地笑。它们一个的藤像电话线般打着旋儿，一个的茎如头发丝般搅在一起，各式的“抓绕缠搅”，我上手拨弄，却越拨越乱。

心情逐渐烦躁，只觉这团可怕混乱的绿缠上我的眼球，缠进我的心里，再次触动了这些天来压在心间深处的伤痛，黯然神伤。我催自己加快脚步，赶紧忘掉这片纠缠的绿吧。

几天后又路过这里，我却再次停下了脚步。不是因为好奇心，而是被深深震撼。

牵牛开花了。

帧帧翠绿，雪白片片，淡紫缀立，是闯入莫奈的《睡莲》了吗？扁扁的绿叶在风里婆娑，茎早已不再弯曲，长长的会牵引得很远很远，好像蓄着劲儿向阳光奔去。于是在一路追寻中，绽放出大朵大朵的花来。苍白得纯净又紫得浓烈，妖娆而灵动地笑着。既有“霓裳片片晚妆新，束素亭亭玉殿春”的小家碧玉的清秀，又有木兰“关山度若飞”般的飒气豪爽。正所谓俏丽若三春之桃，孤傲若九秋之菊；神情散朗有林下之风，清心玉映自闺房之秀。

反观葡萄树，也许得意于自己藤的粗壮，太过于想摆脱牵牛的纠缠，它没多少精力去管自己的果实了。结出的葡萄又小又皱，无一只鸟雀为之停留。我摘下一颗塞进嘴里，又酸又涩，哽咽不下。

“我开花了！又大又漂亮！”牵牛用她小小的嘴唱出属于自己的欢歌，这属于她的得意嚷嚷。她像是在对葡萄树说，更多的是在心里喊。

是啊，无视了从前与葡萄藤的纠缠，她开出了最耀眼的花。

心情归于平静，仿佛听见牵牛的欢歌在我耳畔流淌，流着流着，也带走了这些天来困扰已久的伤痛和疑惑。

我又不得不想起那段因学习而被孤弃的友谊。我认真学习，应该算是一种向上生长吧；好友对此的冷语相对、莫名嘲讽，应该算是一份纠缠吧——曾经的我选择无视这些纠缠，同时也痛失了那段自以为珍贵的友谊。

直至此刻前，我对此都是悲痛的，懊悔的，想当时若顺了她们的纠缠，是否会更好？若直接与她们撕破脸皮，是否会更痛快？

不，我是好样的。望向此刻怒放的牵牛花，想起她从前不争不抢的样子，我的眼神变得坚毅。

一个人只要站稳脚跟，努力地向上生长，便难免和别人发生纠缠。但，又有什么要紧的呢？不忘自己的立场与尊严，当果实结成的那一刻，一切纠缠就都不重要了。

月光掠过牵牛与葡萄藤，喧嚣未散，一些人影匆匆在我身上纵横交错，可我只向往明天的太阳。

初 2025 届 7 班 蒋佳妤

陶艺赠予我天地心

指尖触到陶泥的刹那，恍若触碰到了时光的褶皱。湿润的土腥气漫过鼻腔，陶轮转动的嗡鸣声里，我忽然听见了《考工记》中“天有时，地有气，材有美，工有巧”的古老回响。这团深褐色的泥土，原是大地经年的沉淀，却在匠人手中获得了新的生命。

藏青屋檐在晨雾中半隐半现，陶艺坊像枚温润的玉玦嵌在巷弄深处。推门时铜铃轻颤惊醒了沉睡的光尘。满架陶器沐在斜阳里：圆腹陶罐似怀揣星斗的夜空，梅瓶弧线如宋词里的婉约长调，粗陶茶盏上还凝着建窑的月白釉泪。这些器物静立千年，始终保持着泥土与火焰定格的姿态。

“来试试？”店主拿起素胚，腕间银镯与陶轮相击，泠然清响。她绾发的木簪已磨出包浆，围裙上的泥点却新鲜湿润。泥团在她掌心舒展，像春蚕吐丝般自然生长。我屏息握住泥团妄想捏塑出惊世之作。可泥土时而塌陷如溃堤，时而扭曲似醉汉，最终瘫软成模糊的泥饼酸涩漫上眼眶时，她轻抚我紧绷的指节：“《梓人传》说‘任力者劳，任人者逸’，让泥土告诉你它的模样。”她的手掌温暖干燥，带着经年摩挲陶土的粗砺。陶轮重新转动时，我闭上眼，感受泥土在指缝间游走，如同溪水漫过卵石。那些刻意雕琢的棱角渐渐消融，一个浑圆的陶碗正在诞生——它像初生的月亮般笨拙，却带着天地初开的纯净。

窑火在暮色中明明灭灭，我想起故宫修复师们常说“要读懂每件器物的脾气”。原来真正的匠心，不是征服而是对话，不是塑造而是唤醒，就像东坡制砚“随形赋意”，板桥画竹“胸无成竹”，中国手艺的至高境界，从来都是与万物共生的智慧。抱着烧制好的陶碗走出作坊，晚风送来紫薇花的絮语。碗壁上的冰裂纹正在生长，那是泥土与火焰的和解，亦是时光馈赠的勋章。在这个被速度裹挟的时代，陶艺教会我在疾驰中驻足：看云卷云舒要顺应天时，育桃李芳菲须尊重物性，正如教育不是模具浇铸，而是春风化雨。

此刻我的陶碗正在窗台上承接月光，裂纹里栖居着整个宇宙的呼吸。或许每个生命都该如陶器，既要有浴火重生的勇气，也要有接纳瑕疵的从容——这大概就是“道法自然”最朴素的诠释。

初 2025 届 4 班 唐艺珊

裂痕赠予我山河

梅雨季的秀湖泛着青苔的气息，我躲雨时无意间撞进了湖畔的微刻馆。馆内，一位穿靛青短褂的老师傅正对灯端详着什么，案头散落的青田石屑，像碾碎的星子洒在夜色中。

“能修这个吗？”我掏出祖父留给我的端砚，侧面《富春山居图》的摹刻已斑驳难辨。老师傅的放大镜悬在残砚上，忽然笑出满脸沟壑：“这是用刻碑的边角料改的，裂纹里藏着子久先生的笔意。”他抽开樟木匣第三层，上百块残缺石刻躺在丝绒里：裂成蛛网的《寒食帖》，只剩“云”字的《滕王阁序》，还有块巴掌大的残碑，裂纹中藏着米粒大的蓑笠翁。“璧山微刻有三不刻，”他蘸着朱砂拓片，“不刻无裂之石，不刻无匠气之人，不刻无心之刀。”残砚被放进盛着晨露的陶钵。“等它喝饱烟雨，裂纹自会指路。”老师傅递来一块布满冰裂纹的青田石，“先学读石语。”

当我看到老师傅刀尖第七次被石纹带偏时，忽然想起上月在宣纸上的溃败。为学校美术画展准备的《万壑松风图》，总在皴染山石时晕成墨猪，宣纸废了三十张。此刻刻刀在石面打滑的轨迹，竟与那团浑浊的墨迹惊人相似。“叮！”废石堆里传来清响——某块残石坠地裂开，断面露出发丝细的刻痕：是半阙“山色空蒙雨亦奇”！老师傅将碎石浸入陈年普洱，茶汤顺着百年刻痕游走。“手心要像捧露水，”他带茧的食指压住刻刀中段，“刀锋斜三度，顺着石纹走，听见沙沙声就对了。”刻刀突然在冰裂纹上打了个滑，石屑“啪”地溅进他茶碗，补全了整首《富春山居图》：原来老艺人会把废料抛入秀湖，任烟雨用十年光阴继续晕染。

那夜我守着未干的山水画坐在微刻馆。月光漫过满案残石，忽然发现某道冰裂纹的走势，竟与黄公望《九峰雪霁图》的“雪”脉相通。老师傅轻叩青石：“当年学刻《溪山行旅图》，在废料里找到的雨点皴法，后来成了我的独门刀功。”

梅雨停歇那日，当刀尖顺着冰裂纹刻出“烟岚”二字时，石芯里的云母突然反光，宛如米氏云山在雾中乍现。老师傅突然哼起昆曲《游园》，刀锋随着水磨腔在石面游走，裂痕里旋出倪瓒折带皴的苍劲。

如今那块青田石镇着我的画毡，裂纹里沁着武夷岩茶渍。上周写生旧巷时暴雨突至，我索性沿着墙皮裂痕渲染，颓垣在宣纸上竟化成了范宽《溪山行旅》的峭壁。美术老师举着画惊叹：“这些裂纹让山水有了筋骨！”

昨天收拾画室，我把历年废稿裁成书签。在墨渍最深处刻下“残山剩水亦是江山”，忽然明白：真正的丹青妙手，不是躲开裂痕，而是让光顺着裂缝流淌。就像老师傅总说的：“石头裂了，天地就宽了。”真正的山河不在白璧无瑕，而在裂痕深处，自有万千气象生生不息。

初 2025 届 4 班 涂峻杰

卷三 至味清欢

人间至味在镬气，
酸甜苦辣皆文章

一碗人情

陶碗揭开时的白雾里，总浮着些旧年月。红漆桌面转着圈儿，七分肥三分瘦的油光晃过婚丧嫁娶的筵席，倒映着爷爷嘴角的油渍，也映着张婶出殡时唢呐尖利的调子。

那时候的猪肉金贵，半掌长的肉片要在粗瓷碗里码成小山，烧白里的油水变成了清贫时期易得的体面。甜咸两味在蒸汽里熬煮着人情世故，倘席上少了这道菜，便是要跳着脚骂厨子，又或是暗地里咋舌主家招待不周了。喜宴上的爆竹屑还烫着，转眼就落在丧事的麻布衣襟，红案师傅的刀起起落落，切碎了几代人的春秋。

我自幼是不喜吃烧白的，倘少几分白花的肥肉，尚能勉强下咽，但爷爷却总要说我不知好歹，便索性弃之不食了。

我不懂爷爷为何总把肥肉抿得嗞嗞作响，就像不懂喜轿与棺材同样要撒纸钱。年年岁岁花相似，岁岁年年人不同，欢喜与伤痛好似被隔绝在了烧白的浮油之外了。直到某个霜重的清晨，张婶院里晾着的蓝布衫突然成了灵堂的幡。送葬队伍走过她当年嫁来的石板路，我突然尝出烧白里藏着的时间——油腻是生存的重量，咸涩是离别的滋味，那层浮油下封存着所有欲说还休的牵绊。

如今再夹起颤巍巍的肉片，齿间化开的何止是猪油？分明是某个寒夜张婶塞来的麦芽糖甜，是她为荨麻疹少年求来的草药苦，是杏树下埋着童年誓言的青梅涩。原来这道祖传菜式，早把生老病死的百味都炖进了肌理。原来曾经我看来戏台上的曲终人散，确是年年变迁的人们——这出戏唯一的主角，所经历的起起伏伏。

筵席终要散场，陶碗里的倒影却愈见清晰，油脂中的回忆浮沉。爷爷的苛责、张婶的唢呐，还有那些强颜欢笑的圆桌，都在蒸汽里酿成了陈年的酱色。我终于懂得，抗拒烧白的年岁，原是抗拒读懂碗底沉积的、关于相聚别离的古老训诂。

少时不喜吃烧白，更多的是对人生分分合合的陌生。只是我如今仍不喜吃，许是个性使然又或是时代更替，但却能浸入那油香中，觅得人与人的千丝万缕了。爷爷兴许也曾是不好吃的，只是回忆，让年年相识，相知到相离，在烧白中粉墨登场。

初 2025 届 6 班 杜翰轩

巴渝的味道

巴山常在，渝水长流，我于两江之岸，听雾里江声，观粼粼浪影，览一城之繁荣。新旧相生，为重庆之底色，亦是独特的巴渝味道。

行至磁器口古镇，古朴的气息迎面而来。地面的石砖经百年之风霜，圆滑了棱角，模糊了界限。细观房屋的木柱，亦是因虫蛀或风化缺了角落，青瓦白墙，亦附上青青苔痕，显尽沧桑。然而络绎不绝，往来其间者，游人也。聊笑声、店家带着方言的吆喝声，不绝于耳，商贩的蒸笼上冒着氤氲的热气。穿梭街巷间，或见门庭若市，或见亭亭如盖，抑或是一只小猫慵懒地晒着太阳。古朴之上，是新的生机，三千年巴渝文化，一直都在孕育新的花朵。

古镇的重檐叠嶂之外，是熠熠于阳光中的鳞次高楼。上与浮云齐，下则是熙熙攘攘的巷，来来往往的人。巨大的广告牌屹立着，时兴的产品于此宣传。轨道交通在楼宇间穿梭。穿过繁华，走向昌盛。明明暗暗昏黄灯，车水马龙，其喧然而兴盛。于这钢筋水泥的森林中，火锅汩汩地沸着；客者，起坐喧哗，觥筹交错，共享人间至味。宽敞的街道上，旧日的破败早已湮没，新时代的风拂过暮色，扬起重庆人带着方言的聊笑。这巴渝之音，与几百年前并无不同。若在这城里迷了路，问之于人，有求必应。踏过山城的长阶，依然有人挑着担子，从台阶这一头爬到另一头。虽时移世易，从近百年前的满目疮痍依旧高呼“愈炸愈强”，到现在现代化的浪潮洗礼了整座城，重庆人乐观向上、勇毅坚强、热情似火的性情，以及对这份初心的坚守，历久弥新。

立于朝天门广场，我回望整个城，古巷易新人，新楼宜旧情。或许，这便是巴渝之至味，时代之至理。于传统中创新理，于新理中浸人情，开放包容，却也坚守自己。渝水泱泱，江水滂滂，重庆，立于时代潮头，扬起风帆，笑看旭日东升，两江汇流。

初 2025 届 6 班 石宛灵

见橘如见心

酷暑已去，盈盈秋意是携着或爽甜或柔润的果香翩然而至的。我站在空旷的坝子上，枝头丰满的橘子褪去了青涩，亮出可供采摘的信号。

八岁那个秋天，外婆为我手编了一个小竹筐。红色的土布绞成背带，泛着青绿的竹片宽窄均匀，有条不紊地织出切合八岁孩童身形的模样。我总是背上这个小竹筐欢蹦在田头林间，外公外婆则会拿着剪刀缓步跟在身后。

秋天的橘林有晨雾的凉意和树叶的涩味。我只负责搜寻裹好了橘黄外衣的“胖小子”，而外公外婆负责听见我的呼声后跑来替我剪下，放进我背的小竹筐里。他们剪下橘子的干脆利落显示着成年人的轻而易举，我怎会甘落人后？我一把夺过外公手里的剪刀，准备大展身手。外公皱着眉头轻声对我说：“这可很难剪哦……”我对准橘子的蒂一刀剪下去，它竟毫发无损，我使出双手又用力一剪，只在青绿的树皮上留下浅浅的一道发白的痕迹。我不得不把剪刀交还给外公，重新操起探查和发令的本行。

长大些，假期总是倏忽而过，短得让我无暇再去林子里摘橘子。

每每想要逃离堆满了作业的案头，就看到外公外婆摘来并且剥好的橘子亮在桌案的一角，暖黄的果肉漾出明媚的气息；若将紧紧抱在一起的果瓣分开，它们竟因不舍迸出了几滴泪珠，溅到脸上，沁凉酸涩，睁不开眼的那一刻，脑海中便“咔哒”一声打开留影机，重映昔日岁月。

不过，现在外公外婆把橘子摊在手心给我时，我看见的是那橘黄的光映着一个个被剪刀和农具磨成的老茧，一处处被刀子划伤龇牙咧嘴的裂口，一次次被烈日灼伤而变得粗糙黝黑的皮肤——这都只是因他们希望我能吃到最饱满、最多汁、最甜的橘子。爸妈每年从外公外婆家拉回几箱橘子时，见者都不禁感叹：“好大的橘子！”而品尝到这些橘子的人，又无不赞叹：“真甜啊！”这每一个橘子，没有不饱满鲜艳的，没有不光洁平滑的，那些腐烂、划伤、鸟啄的橘子，去了哪里呢？

慢慢剥开橘衣，里面满盛着的，是经岁月沉淀而滋味悠长的果粒和外公外婆的爱与牵挂。

初2025届10班 黄煜婷

酱缸

是麻辣鲜香的串串？是满嘴油香的回锅肉？还是绵柔有嚼劲的葱香牛肉？川菜千面，却总有一味浑厚的底色在舌尖流淌——那抹沉淀着光阴的豆瓣香，早已顺着故乡的酱缸，融进我的血脉。

三尊陶坛如老友般蹲守在厨房角落，倒扣的陶碗是它们朴拙的礼帽。每当母亲掀起坛盖，醇厚的酱香便裹着酸姜气息漫出来，在晨光里织成一张温柔的网。十二年春秋更迭，这缕香气始终悬在灶台上方，将我的味觉驯养成最忠实的信徒。真正的好豆瓣从不在市集流通。每隔三载，母亲总会搬出釉陶缸，将干胡豆瓣倒进竹筛。清水中浮沉的豆瓣像皱巴巴的小船，十遍淘洗冲走夹缝里的砂砾，直到每粒豆瓣都吸饱春水，胀成圆润的珍珠。阴凉处的竹匾铺开翡翠色星河，青霉用三天三夜绣出绒花，又在三周后褪成斑驳的山水画。母亲戴着棉纱手套，像拂去古卷尘埃般轻轻搓洗，只留下褐色霉衣裹着豆瓣，那是时光盖下的陈酿印章。

洗净的豆瓣与鲜辣椒撞个满怀，花椒粒在红云里翻滚成星子。生菜籽油漫过酱缸时，琥珀色的浪涌封存了所有鲜亮。最后那盅白酒是点睛之笔，琼浆坠入的刹那，整缸红霞都泛起微醺的涟漪。

这坛酝酿百日的赤霞，却在新旧碰撞中失了魂灵。我曾见过工厂钢炉吞噬鲜红的椒浪，机械臂将酱料搅成浑浊的泥浆。塑料瓶里的豆瓣酱依然鲜亮，却感觉不到母亲指尖的温度——那些需要等待霉菌爬满豆瓣的晨昏，那些需要掌心反复揉搓的温柔，都湮没在流水线的轰鸣里。

原来故乡赠我的不只是味觉烙印，更是一份对光阴的敬畏。古法酿酱需容得霉菌缓慢生长，需忍得三百次日升月落，就像人生总要等待麦苗抽穗、稻谷灌浆。

而今机械碾碎了四季的褶皱，也碾碎了手作的温度。当我们抛弃与时光对话的耐心，豆瓣酱便成了流水线上沉默的标本。

月光漫过老陶缸的裂痕，我忽然读懂酱香里的传承密码：真正的美味从不在舌尖停留，而在与岁月同频共振的心跳里。愿我们永远记得，有些事物注定要在光阴里慢慢老去，如同故乡的豆瓣香，唯有经年沉淀，方能酿出赤诚如初的底色。正如陶瓮陈醴须待三冬，最醇厚的馈赠，终要交给岁月称量。

初 2025 届 3 班 游淇涵

烟火

绚烂，明丽，极致的美，令人叹为观止——提及烟花，这是大多数人脑海中浮现的词汇。的确，它美，它易逝，它是寒冷冬夜中燃起的星，是永不磨灭的希望与期冀。而这些，共同构成了记忆中最独特的烟火。

夜空繁星点点，银河迢迢，悬挂天际，与那流动的明亮光点相映，如闪光的透明绸缎般浮动。耳边寒风躁动不息，篝火的热意扑了满脸，忙碌的人语声不绝于耳。周围吵吵嚷嚷，皆是为了下一刻的奇迹。引芯点燃的"呲呲"声在夜风中悄然绽开，喧闹的人语在这一刻达到了顶峰，兴奋的倒数声势如破竹，似是要冲破天际："三——二——一。"

砰的一声，然后是接连的"砰砰砰"好几声，明亮的光团簇紧又化作星河回散，五彩斑斓，似千万游鱼过江海，翩若惊鸿，状若游龙。多像辛弃疾诗中的"一夜鱼龙舞"，跃动的光映亮了每一张朴实又辛劳的脸。这里没有新年的钟声，但烟花在夜空中绽放的模样，如同燎原之火，烧遍了我的整个胸膛。身边一张张布满沟壑的脸上，洋溢着幸福的喜悦。那天我惊觉，我在他们身上看不到苦难的影子。

我的家乡人世代是农民，深耕于深山，终年辛苦。大多数时候，沉默、苦闷、不堪言的痛楚萦绕在他们眼中。但此时此刻，唯能看见的是如繁星般明亮的双眼，又清澈似湖海，倒映着绚烂的光。我不知他们的姓名，但我会永远记住他们的脸——被烟火照亮的脸，被幸福包围的脸和满怀希冀的脸。岁月的打磨仿佛不存在，他们宛若孩童般痴痴地仰望，好像一回身，就会有家人亲切的呼喊和满桌热腾腾的饭菜。是对美的痴念啊，我默默地想。

人奔波于天南海北，忙得不分日夜。但愿意停下脚步、欣赏烟花的人，必是会再拾包裹、迈步向前的人。美给予生活希望，这便是烟花所赋予的意义。有希望的人，即是跨越山海，也毫不畏惧。那最独特的烟火映亮了半边天，它寄托着永不灭的希冀，也引领我一路向前。

初 2025 届 6 班 陈思

暖橘微光，照亮前方

“灯火辉煌迎新年，家家团圆好元宵。”花灯满街，别人都在走马观花时，我在眼花缭乱的街道上寻找着，寻找着独属我的那盏承载着儿时旧梦、满溢暖暖亲情的小橘灯。

小时候，在老家过年，镇上邻里街坊的小朋友都拿着各样的花灯聚在一起玩耍。我看着他们手中漂亮的花灯很是羡慕，便跑去找妈妈，我一边挽着妈妈一边撒娇道：“妈妈，给我买个花灯吧，别的小朋友都有的！”妈妈宠溺地笑：“走，妈妈给你做个独一无二的花灯。”她走进屋里，从大袋橘子中挑出一个完整漂亮的，再拿出小刀、灯串、针线和一根木棒。只见她先用小刀在橘顶画出一个圆，这便是灯顶了，然后小心翼翼地把果肉取出来，把灯串团作一团放入橘中，用手指轻轻拨动调整位置，紧接着是一套行云流水的穿针引线，最后把小木棒捆上去——一个独一无二的小橘灯就做成了。到了傍晚，我的小橘灯散发着暖光和清香，在其他小朋友的流水线产品里别具一格，衬得那晚的月亮更皎洁了。

长大些，又是一年元宵。街上满满的烟火气息，热闹非凡。这时弟弟跑过来，他眼睛里满是期待：“姐姐给我买个花灯吧！”他像当年我挽妈妈那样挽着我。我放下手中还冒着热气的汤圆，走进里屋挑了个橘子，不一会儿也给他做了个漂亮的小橘灯。弟弟满心欢喜，高举橘灯融入夜色。我望着那团微光摇曳远去，仿若看见曾经的自己，也是这般雀跃在相似的元宵夜。欢声笑语穿越了时光，在耳边隐隐回荡。

近些年，总是在城中过节。我和朋友相约去街上逛逛，满街花灯似海，造型精巧，五光十色。可我置身其中，却只觉疏离。那一盏盏华丽花灯，仿佛只是浮于眼前的光影，只有那盏从妈妈手里交到我手里，又由我手心亮到弟弟手心的小橘灯，闪烁着温暖而真切的光。

我已离幼时的我越发远了，可那盏橘灯始终在心底熠熠生辉。那暖橘微光，永不熄灭，将在岁月长河中为我照亮归途，使我怀揣着温暖与力量，勇敢地奔赴自己的未来；那暖橘微光中的深情厚意，永志难忘。

初 2025 届 10 班 赵鑫雨

灯笼

中秋已至，凉意却姗姗来迟。

太阳是不大懂得养生的，只要它出来，永远圆圆的脸，没心没肺地笑。在这笑意之下，人们渐渐开始着手准备中秋。

外婆是个顶会做灯笼的巧匠。清晨，她收拾出一张檀木桌子，许久未用，桌上的灰尘肆意的躺着，沐浴着秋阳。我静静地趴在桌子上，但却被小尘妖弄了鼻，不禁打了一个喷嚏，小尘妖却不以为然，肆意地在秋阳下跳跃舞动。

“外婆外婆，什么时候才能开始做灯笼呀？”我探着脑袋，早已按捺不住了。

“这不在着手准备了嘛。”外婆乐呵呵的，那明媚的笑容，在秋阳的照射下，就像灌了蜜的糖罐，甜滋滋的。

竹条、橡胶、宣纸、笔墨，一系列工具陈列在桌面上。只见外婆“拿、提、卷、收、捆”一系列动作行云流水，一气呵成。那气势恍若征战多年的将军，英姿飒爽，令我不禁心中百般仰慕。外婆似是注意到我那热忱的目光，慈祥地朝我招了招手。我迫不及待地拥入外婆的怀中，好似一只慵懒的小猫蜷缩在外婆的怀里，温暖亲切。外婆那常年忙于农活的手裹着我的手，放慢了速度，教我编灯笼。外婆虽没什么文化，但却用她最大的努力向我描述了每一处细节。那手上的老茧摩挲着我的皮肤，痒痒的，我望着外婆笑了笑。

“外婆，为什么每年都要做灯笼呀？”

“那是因为啊，灯笼寄存了人们的梦。梦中泥泞，醒时光阴，人世荒凉，珍重安康。”外婆望着那棵红了叶片的野漆树，眼中万般交杂。后来啊，我也明白了，那所谓的梦也不过就是人们心中所想，心中所执念罢了。

灯笼架编好后，我小心翼翼地捧着，那充满了我的梦的灯笼，想着，梦该是个什么样子呢？透过竹架，看着外婆那张胖乎乎滴着汗滴的脸。我想，梦一定像外婆一样温暖。等到外婆将我的灯笼盖上一层白盖头，我便用那墨水和笔，一如既往地写着“平安喜乐”。但这次，这四个字看着却格外亮眼。我捧着我的梦，在园中奔跑，外婆就那么宠溺地，静静地看着我。

一轮圆月渐渐升起，就像一个银盘，高悬在天幕上。皎洁的月光如同银沙般倾泻下来，给大地万物披上了银灰色的纱裙，呈现出朦朦胧胧的美。我大口吞下杯中的月亮，迫不及待地拉着外婆，放灯笼。

随着烛光星起，满城百姓齐放灯笼。那千万个星星点点的光，照亮了整个黑夜。星火之下，是外婆那明媚的笑容，温暖着寒风中的我。而那盏被赋予了“梦”的灯笼静静远去，将温暖带入了黑夜。

迟子建说，圆月是千家万户的共同的灯。而明灯三千，外婆明媚的笑容才是我心中的灯。

初 2025 届 4 班 杨蕊菡

《电车与穹顶的交响》（摄影）

初 2025 届 1 班　马玥晨

《淡彩漫染 · 故筑与青峦 其二》（绘画）

初 2025 届 1 班 庹一然

《空栖绮梦泽》(绘画)

初 2025 届 6 班 陈梓涵

紅軍不怕遠征難萬水千
山隻等閑五嶺逶迤騰細
浪烏蒙磅礴走泥丸金沙
水拍雲崖暖大渡橋橫鐵
索寒更喜岷山千里雪三
軍過後盡開顏

辛丑梓涵書

《七律 · 长征》（书法）

初 2025 届 3 班 程梓涵

《苍苍横翠微·其二》(绘画)

初 2025 届 4 班 郑安文

人間四月芳菲盡山寺桃花始盛開長恨春歸無
覓處不知轉入此中来青海長雲暗雪山孤城遥
望玉門關黃沙百戰穿金甲不破樓蘭終不還秦
時明月漢時關萬里長征人未還但使龍城飛將
在不教胡馬度陰山
右録古詩三首辛丑毛昶堯書

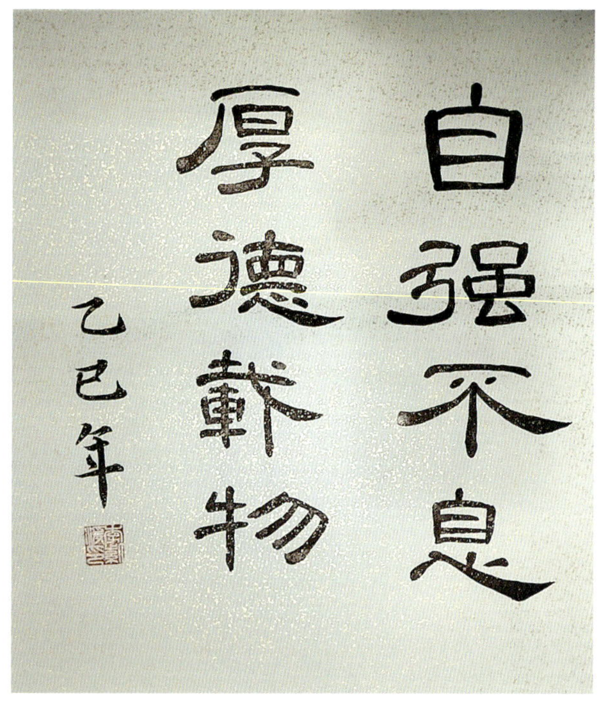

《自强不息厚德载物》（书法）

初2025届6班 李紫湲

《古诗选抄》（书法）

初2025届4班 毛昶尧

《莲之翩跹》（绘画）

初 2025 届 4 班　先凌瑶

《山与海与云》（摄影）

初 2025 届 5 班 巫佳骏

《相思球》（摄影）

初 2025 届 7 班 周昱辛

《凌绝顶》（摄影）

初 2025 届 5 班 孙晨怡

《自由石神像》（摄影）

初 2025 届 6 班 艾圣杰

《阳光里的一束绿色》（摄影）

初 2025 届 2 班　刘咏硕

《紫气东来》（绘画）

初 2025 届 7 班 蒋佳妤

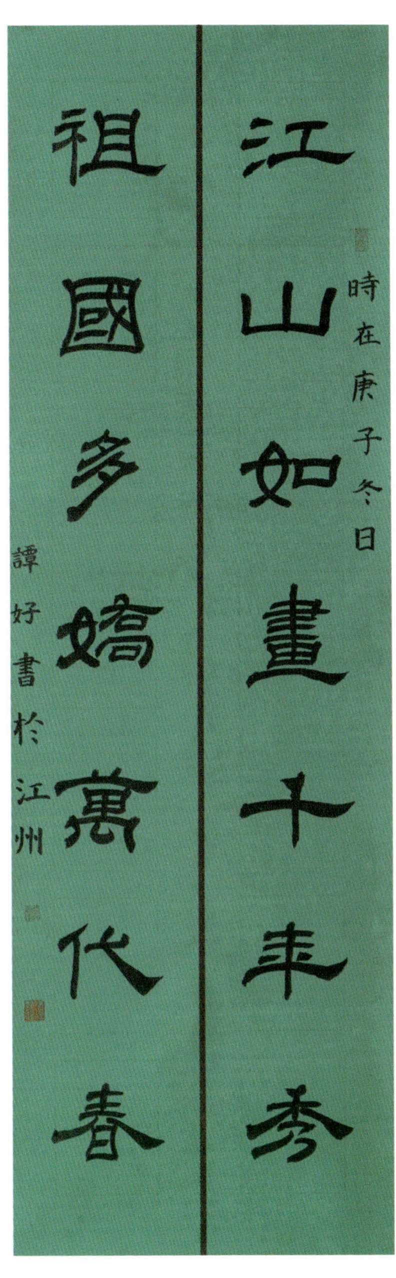

《江山多娇》（书法）

初 2025 届 9 班 谭好

元豐六年十月十二日夜解衣欲睡月色入戶欣然起行念無
與為樂者遂至承天寺尋張懷民懷民亦未寢相與步於中庭
庭下如積水空明水中藻荇交橫蓋竹柏影也何夜無月何處
無竹柏但少閑人如吾兩人者耳
宋蘇東坡記承天寺夜遊壬寅夏俊博書

《记承天寺夜游》（书法）

初 2025 届 7 班 陈俊博

《浪漫时刻》（摄影）

初 2025 届 11 班 覃美滋

《升》（摄影）

初 2025 届 11 班 娄力扬

《晨间速写》（绘画）

初 2025 届 12 班　张焱瑜

卷四 时光沉香

檐角铃铎说无常，

拈花笑看荣枯事

腊冬之思

家里阳台上，还挂着去年做的腊肉，数量已经不多了。我抬头打量，那熏黑的肉条，在凛凛寒风中，轻轻拨动，一缕浸润着柏枝的清香，被点点剥离出来，在房间里荡漾……我的思绪也随着清香，回到许久未见的老家。

老家，最让人心心念念的滋味，非腊肉莫属。

外婆烟熏腊肉的手艺极好。每次临近春节，她总是会叫外公宰一头猪，选出其中四瘦六肥的三线肉，再亲自去林子里捡新鲜的柏枝。待一切准备就绪，外婆便动手开始熏制。她先将肉切成条，然后摆出熏架，再塞入柏枝，把肉条置于架上，最后点火。外婆一边翻动着猪肉，一边控制着熏烟。柏枝的熏烟是刺鼻的，外婆却一动不动地坐在架子旁，盯着每一块肉，生怕哪块肉没熏到。等到腊肉“滋滋”地流油，染上了熏烟中的味道，熏腊肉的工作也已接近尾声。

那熏肉时的袅袅炊烟，在寒冬里烙印了我对老家最初的回忆。

熏肉的技艺已经叫人赞叹不已，殊不知，外婆的烹饪也有一手。外婆将腊肉洗净，切盘，手中的菜刀如同活过来一般，行云流水，把腊肉切成块，切成片，切成丁。然后便是下锅，上蒸笼。厨房是忙碌的，但是外婆却有条不紊地流转于厨房各处。在锅铲与锅铿锵的碰撞声中，一道又一道菜排队上桌了：腊肉萝卜干，清脆爽口的萝卜干配上肥而不腻的腊肉片；腊肉糯米饭，炒香的糯米配上腊肉粒，口感绵醇；腊肉笋汤，腊肉的咸与笋的鲜相得益彰。

这丰盛的腊肉宴，成了我过年最深切的期待。

时光漾过丛丛柏林，灿阳打翻了一匣子的往事。我随爸妈去往城里生活，外婆的身影也从我的生活逐渐淡去。

看着阳台上外婆做的腊肉，我问妈妈："现在市面上这么多现成的腊肉，为什么外婆要自己做呢？"

妈妈说："因为外婆自己做的比外面好吃啊。"

我又问："那外面卖的也有好吃的啊。"

妈妈说："因为外婆她喜欢做啊。"

我接着问："那么辛苦，外婆还喜欢吗？"

妈妈回答："因为外婆晓得你喜欢吃啊。"

妈妈这句不经意的回答，让我醍醐灌顶。怪不得总觉得外面的腊肉缺了点什么味道，原来是少了外婆的爱。

外婆的腊肉，早在不知不觉中叠进了她的影子。

我看着家里的腊肉，外婆在冰天雪地里的身影如浮光掠影般闪过，那么虚幻，又那么真切。朦胧之中，我又看到了熏肉时的袅袅炊烟，过年时美味的饭菜，外婆慈祥的面容……

凛冽的寒冬，有着柏枝的清香；人生的寒冬，有着外婆关切的爱意。但愿，我们都能读懂寒冬里的那一抹暖意，愿那柏树的清香永远萦绕在我鼻尖……

初2025届9班 詹俨丁

红木梳妆台的味道

每个人的一生，都是由各种各样的味道交织而成的，炭火的味道，露水的味道，或快乐的味道，辛酸的味道……然而，最令我难忘的，只有外婆房间里红木梳妆台的味道。那味道，不时会萦绕在我鼻间，久久不散，动人心弦。

第一次听说外婆的红木梳妆台时，我激动得觉也睡不着，总幻想着《阿房宫赋》中所描绘的场景：“明星荧荧，开妆镜也；绿云扰扰，梳晓鬟也；渭流涨腻，弃脂水也。”然而当我真正到了外婆老家的房间后，却大跌眼镜：陈旧破陋的红木梳妆台静静地躺在角落里，一把梳妆凳规规矩矩地摆在前面，梳妆镜的边框也已生锈，有些黯然了。我近前去看，却闻到了一股泥土与灰尘相混杂的呛人的味道，那是极难闻的。我连连后退，不带一丝留恋，转身走出了房间。外婆也紧随我出来，默默地关上了门，脸上的表情说不清，也道不明。

在老家待的那一段时间，我偶然发现外婆每次背着锄头出门前，都会抚一抚梳妆台；从地里风尘仆仆地回来，又一头钻进房间，看见梳妆台便长舒一口气，伸出龟裂的手于台面摩挲。我实在不理解为何那样一张破烂的梳妆台，值得外婆如此珍惜。

直到春节，我重新感受到了红木梳妆台的味道。过年期间，外婆的兄弟姐妹总会聚在我外曾祖母的院子里，大家一起吃饭，共享天伦之乐。每次出门，总寻不见外婆的身影，我都是漫不经心地等着。直到有一次实在不耐烦了，去问外公，却得知："她肯定在自己的房间里。"我气冲冲地快步奔上楼，推开外婆房间的门，一股温柔悠远的香味却扑面而来，顿时火消了大半。我走近前去，没有说话。我看见外婆拿着面霜，认认真真地搽在额头上，脸蛋上，鼻尖上，又拉开抽屉，拾起木梳，对着镜子一丝不苟地梳着头发。我望着梳妆台失了神，那台面上再也没有了泥土与灰尘，取而代之的是两朵小巧可爱的紫花。我细细地嗅着，竟闻到一股缅花之香，绵柔醇厚，浓郁悠远，如姑娘纤长的手指，拨动着我的心弦。"好看吗？"外婆突然转头，我一愣，点了点头，对她竖起大拇指，她也一愣，随即脸上的皱纹如花一般，缓缓绽开。

我望着她，不知为何，竟是良久的心酸。我浸在红木梳妆台那柔而醇，高雅而低调，经岁月冲刷的陈旧味道里，思绪飘到很远：也许没有人记得，多年以前，在这个房间里有一位年轻的女子，静坐于典雅的梳妆台旁，轻轻梳弄头发，一种欲语还休的惆怅飘浮在空气中，女子嫣然一笑更是倾国倾城。而外婆此时已是老太太了，但她仍坐在梳妆台前，红木梳妆台的味道萦绕在她身边，犹如流动的老歌的音符，奏着流逝的岁月，更改的年华。

如今，外婆仍能坐在红木梳妆台前，认为自己还是年轻的姑娘，愿意梳妆打扮，有红木的味道相伴，就很好了啊。

原来，红木梳妆台的味道，是一种无论年龄岁月，对美的执着追求，对生活的坚定热爱。这悠远缠绵，清新脱俗的气味会一直弥散在我的生活中，直到永远。

初 2025 届 12 班 涂琬欣

以文物为眼，望千年史路

“岁月失语，惟石能言。”古朴厚重的青铜器，笔酣墨饱的字画作品，晶莹剔透的玉石……它们沉睡于博物馆中，无一不在描摹着这中华上下五千年的悠悠史路。

昏暗的博物馆似是那条沧桑却依旧激荡的历史长河，每一件文物皆由白炽的灯光照耀，它们在古老的历史中发着光，我不禁向它们靠近……

玻璃后的文物静立着，却传出了历史的讯息。唐代仕女俑展现了繁荣开放的大唐；四羊青铜方尊静中有动，是商代工匠的匠心独运；海晏河清尊存于圆明园中，于战火中奇迹般保存下来，“劫后余生”的它就在博物馆中向往来的参观者无声地诉说着那一段悲惨的历史……中国有六千多座博物馆，每一座博物馆都是历史文化的宝库，宝库中的每一件文物都有自己的故事，这同样也是我们该铭记的历史。来时路，不可忘亦不敢忘。

我缓慢行走在展馆中，历史的厚重沉淀在文物之上，它们的色彩或多或少都变得黯淡，但它们的轮廓和细节却丝毫没有改变。不论是青铜器上怪异奇妙的花纹、图案，还是玉器上精雕细琢的细节，都纤毫毕现，不因岁月的冲刷而溃烂腐坏。如半米多高的四羊青铜方尊花纹精丽，线条光洁刚劲，包含了多种不同的复杂花纹，它也被认为是传统泥范法的巅峰之作，让人感受到我国古代人民的技艺高超，令人不禁为之叹服。而这样的技艺，应该被传承下来，文化传承更是我们的责任。旧时技，不可失；今朝责，更不可不担。

走出展馆，我还沉浸其中，久久不能回神。脑海中闪过一件又一件文物，最精致的当属玉器。我不禁想起了近期网络上大火的短剧《逃出大英博物馆》，讲述了一盏从大英博物馆出逃的中华缠枝纹薄胎玉壶踏上归家路的故事。流落在外的中华瑰宝数不胜数，它们在多年前被外族掠夺而去，又何尝不想回到自己的家乡？如今我们要做的，就是努力让它们的“瑰葭路”早日成真。向前走，归家亦瑰葭。

华夏文明之瑰丽，中华历史之悠久，皆以文物为眼，越千年岁月，望那寂灭中迸发的火花，望那漫漫史路。

初 2025 届 14 班 苟馨予

文宣遗爱千秋在，林间松柏万古青

孔林乔木，古柏苍苍，千年不朽，反观人生则如白驹过隙，百年之间烟消云散，千秋万载化为尘土，随光阴飘逝。驻足留看，刹那之间便是生命的延续和光辉。为追寻圣人足迹，我顺着孔子人生轨迹来到他最后驻于人间之地——孔林，与千年光阴邂逅，与伟大思想交汇。

初见孔林，惊叹于它辉煌庙宇，殿中耀着金光，分不清是阳还是烛的光芒，气派非凡，袅袅香烟弥散于殿内，金砖玉瓦笼上薄纱，圣洁而迷人。白玉孔像屹立于大殿中央，周围簇拥的是七十二贤的雕像，目光慈善，心怀悲悯，他们浅笑不语，流光溢彩，在漫长岁月长河中熠熠生辉。我与虔诚的儒生，各色的胡人同拜，折服于万世师表的威严高大，从殿后出，对孔林期待又多一分。

已是黄昏，走在青石古道，脚下石子被镀一层金光，每走一步便吱吱作响，似千年历史长河中荡漾的点点涟漪，清风扑面，所过之景皆寂静。顺林荫一路向前，时光仿佛凝固，树林阴翳，彼时虽有光辉落于树冠，但于树林深处仅剩几点斑驳，昏暗又迷蒙，偶尔出现几座孤坟，碑文不清，无法辨认，一旁石兽虽昂首，却因岁月，没了威武，林里无声，盛满幽寂，孔林前殿的光辉在此刻消散，留一丝玄幻神秘色彩，但也让人怀疑眼前所见的苍凉。

一路无言，夕阳伴着步伐下跌，良久，于孔子墓前。石阶潮湿低矮，爬满青苔，碑上潦潦刻上几字，其余再无，碑前没有俎豆香炉，祭拜之人自然寥寥无几。夕阳顺着古柏稀疏叶片下坠，碎一地斑驳，点点几笔爬上土丘，土丘上杂草丛生，更显毫无规划，杂乱无章，抬眼望，掠过丝丝悲戚，两千五百年的悲欢被揉成沙土，只剩千年古柏直指苍穹。

古柏奇怪：枝丫向四方蔓延，遮天蔽日，交错节升，似要冲破天空；树干粗大，皮肤开裂斑斑驳而垂垂老矣；叶片倔强留于枝头，恍惚间我看见一老者，着端庄礼服，倚于树下，满头华发，岁月爬满脸颊，目光慈祥却难掩落寞，他是孔子，是圣人，是孤者，他满腹经纶却到不了大同世界，他的伟岸身躯也留不住至亲魂魄，他从不是生而知之的神者，只是好古，敏而求知的凡人，他有普通人的生老病死，更有人世间的悲欢离合，只在弥留间，一曲悲歌，命矣夫与，愿相违，但正是孔子这样的凡人，成就了万事中师表，发源了千年文脉。

孔子是老师，越千年历史，照万国时空，以血肉之躯肩负文化复兴的重任，凭一腔热血炼众奉人知其不可而为之的执着，超越天命，令人生畏，仰之弥高，钻之弥坚，超越亘古，永流其间。

苍苍古柏围绕圣人的归宿，茫茫苍穹承载伟岸魂魄，太史曰：“高山仰止，景行行止，可谓至圣矣，”风过林梢，天地间回荡声响，是圣乐，是悲歌，婆娑树影正无声冠冕，它早已回答何为至圣，何为不朽，崭新的许愿牌被风拂过，笔墨未干，文宣遗爱千秋在，林间松柏万古青。

初2025届8班 肖然

等一轮未满的月

如果事情的结果总是不尽人意，那努力的过程有意义吗？就如去等一轮不满的月，你会觉得遗憾或懊悔吗？

——题记

一个深秋的夜，没有月。风串联起夜的消息，游走在满街梧桐间，我执一把伞出了门。

天正下着微微的细雨。踩过地面上浅浅的一个个水洼，想起那并不理想的月考成绩，和这绵绵的雨一样扰人的大事小事，我不由轻声叹息。这是一个普通的夜晚，一次普通的散心，我想，连月亮也没有。散步结束，大概一切又会恢复如常吧。

我垂头无目的地向前走。渐渐的，沥青色路面上出现了不少散落的星辰——是桂花。已是寒秋，但今年的桂花开得迟了。我抬头，夜色中隐约见细细密密的桂花沾着雨水，氤氲着沁人的甜香，在这潮冷的空气中。既然已经错过花期，又何必再开呢？就如我日复一日的努力，到最后看起来毫无效果。我不置可否，执伞又向前，欲再绕小区一圈便返回，毕竟今晚许是等不到月亮了。

天上是沉沉的云，缠绵的秋雨已歇。我收起伞来，抬头才发现天上有一团朦胧的月光，将一小片云彩照亮，地上的水平静如镜子。倒映着月光浸染的水和天。一丝惊喜浮上心头，夜色如栖在树上的鸟，被带着凉意的风与月惊到了，无声地扇动云的翅膀。于是，走着走着，云开月出。

是轮不太满的月，我虽暂时忘了心中冗杂的烦恼，但欢欣中仍不免带有些遗憾。不知不觉，我已又绕回方才那棵桂花树下。此时此刻，月光如水，整个身心仿佛被醉人的芬芳轻轻托起——桂花想把月光凝结，瓣瓣皎洁，星星点点，整棵树挂满了欢喜。我的心境也倏忽被月光照亮了：是呀，错过秋日花期又如何？积蓄力量做好自己便是；月不能满如何？生活哪有完满？与其抱怨缺憾，蹉跎时光，不若坦然面对，邀此明月光。

桂花自开落，它不在乎错过，只关心自己是否努力。我等了一轮未满的月，可谁说等的过程是无意义的呢？以后的生活，遗憾并不会缺席，但认可自己的付出，试着去接受那一次次不完满并看到努力的过程，足矣。

桂花总会开的，月也总会圆的，不是吗？

初 2025 届 4 班 郑安文

日渐消失的棒棒军

——那些被时代叩问的答案

夕阳如中箭的赤色火球，坠入山脊。暮色中，老街的石阶上亮起一盏昏黄的灯，佝偻的老人杵着竹棒，在石板路上叩出笃笃的声响。那竹棒上磨出的凹痕，是故乡留给我的第一道思考：当科技的洪流呼啸而过，那些被遗忘的尊严，该栖身何处？

周末，我踏入重庆老街。斑驳的石板路蜿蜒如蛇，褪色的木门楼低语着旧日荣光。我漫无目的地游荡，暗自腹诽：这些旧物早该被科技替代，让城市焕发新颜。

转角处，一根竹棒突兀地横在石阶上。顺着竹棒望去，老人倚墙而立。麻绳散乱地缠在腰间，竹棒早已磨出油亮的凹痕，凹陷处嵌着经年的泥垢与汗渍。见有人驻足，他猛地直起身，沙哑的嗓音如砂纸擦过铁器："要挑货不？我力气足，价钱便宜！"

无人应答。穿西装的白领攥着手机掠过，外卖骑手的电动车在石阶前烦躁地鸣笛。老人的询问声被碾碎在车轮与键盘声中，他却固执地重复着，仿佛那根竹棒能撬动整座山城。

故乡的竹棒，曾托起一个时代。三十年前，山城棒棒用竹篾勒进肩胛的血痕，挑起水泥、货物、嫁妆，在号子声中垒起高楼。而今，二维码取代了吆喝，万向轮碾压过石缝的野草。科技的车轮滚滚向前，却在扬尘中模糊了那些佝偻的脊背。

我站在一旁，心中泛起一丝不屑：电梯吞没了陡阶，货车碾平了坡坎，科技的齿轮早已将“棒棒军”甩出轨道，何必执着？可当我凝视老人佝偻的背影时，记忆忽然被刺痛——幼时家中的青瓷缸，因自来水的普及被丢弃；外婆的绣花绷子，在成衣店的霓虹下蒙尘。原来故乡的竹棒早已给予我答案：我们总用“效率”丈量价值，却忘了那些被定义为“落后”的存在，曾托举起一个时代。

夜色渐浓，老人的身影与老街的轮廓一同模糊。竹棒的叩问声穿透暮色，敲碎了我对科技的盲目崇拜。下山的缆车从头顶掠过，缆绳切割着夜空，我却忽然读懂：故乡的竹棒赠予我的，不仅是怀旧的温情，更是成长的思考。真正的进步，不是用科技的利刃割裂过去，而是让传统与现代在碰撞中彼此发亮。我们可以为外卖骑手戴上智能头盔，也应为棒棒军的竹棒刻上二维码；可以让缆车飞跃峡谷，也应容得下一双草鞋紧扒石缝的倔强。

归途中，我回望石阶尽头。老人的竹棒仍竖立在夜色中，像一座倔强的碑。霞光会消散，石阶会斑驳，但故乡的竹棒赠予我的思考，早已深埋心底：一座城的温度，不仅在于霓虹的高度，更在于它能否俯身倾听——那些被遗忘在角落的，声声询问。

初 2025 届 3 班 邵煊岚

故乡的丘壑

每年回到故乡，我都要去村庄后的山丘上转转。小路蜿蜒而上，脚下泥土松软，路旁的野草随意生长，有的枯黄，有的还带着绿意，随风轻摇。走在这条路上，儿时的记忆蓦然涌上心头，我带着故乡赠予我的那份对生活的热爱，愈走愈远。

故乡是平原，少有丘壑，这座山丘便成了登高的最佳去处。又因老家盛产水晶，山头散落的星点残留成了一大特色。山丘不高，甚至只能算是一个不起眼的土坡。但正是这份平凡，让它多了几分亲切。山上的空气总是格外清新，尤其是在清晨或雨后，混杂着泥土和青草的气息，深吸一口，整个人都轻松了许多。山上并没有太多花草，大多是一些低矮的灌木和零星的野花，显得有些荒凉。或许是产水晶的缘故，土地并不肥沃，整座山看上去有些贫瘠，即使在春天，也少了几分生机。但在雨后，山上却别有一番韵味。雨水冲刷过的泥土散发出湿润的气息，薄薄的水雾笼罩着山丘，远处的村庄若隐若现，像是被蒙上了一层轻纱。几丛灌木的叶子上挂着水珠，偶尔有一两颗顺着叶尖滑落，落回土地的怀抱。原本被泥土包裹的水晶也被雨水冲刷出来，零零散散地露在地面上，虽然没有阳光的照耀，但它们依然泛着淡淡的光泽，静静地注视着这片土地。

我常在雨后去山头捡水晶。那些晶体并不大，也不像市场上卖的那样晶莹剔透，但它们是大自然最真实的馈赠。我总是先捡一大把，然后坐在路边的石头上慢慢挑拣，专挑那些形状特别的。每一颗水晶里的飘棉都不一样，有的像云雾，有的像河流，有的甚至像一幅小小的山水画。偶尔捡到一颗透亮的，就是足以高兴一天的幸事。这种简单的快乐，让我对故乡的每一天都充满了期待。

有时，我还能遇上村里专拾水晶的人。他们挎着小篮，弯着腰，仔细地翻找每一块石头。见到品相好的，就轻轻捡起来，在手里掂量几下，然后满意地放进篮子里。他们中很多人都以此为生，虽然这些小水晶并不值多少钱，但他们依然乐此不疲。有时捡到一颗特别好的，即使素不相识，也会忍不住高声炫耀。他们的脸上被岁月雕琢，晒得黝黑，但眼神里却透着一种质朴的满足。看着他们，我总觉得，这座山丘不仅给了他们生计，也给了他们一种对生活的热爱。而这种热爱，也悄悄感染了我。

岁月试图把生活左右，但故乡的这座山、这群人却毫不妥协。即使荒芜，也有光的闪烁；即使劳苦，也有乐观的陪伴。正如迟子建所言：“他们的心没有牢狱，海天一般广阔，长风一般自由。”他们不受限制，在生活的苦难中饱含热情，在生命的酒窖中历久弥香。

初 2025 届 7 班 张新荷

卷五 拔节之声

少年涉川知冷暖，

暗夜行舟见星芒

海浪中的成长

海，是天空的倒影，在那个炽热的日子，阳光如细沙洒在果冻般澄澈的海面上，波光粼粼，像是无数闪耀的星辰，让人不禁沉醉在这夏日浪漫之中，而我，怀着满心期待，来到卡伦海滩开始一场新的尝试。

教练告诉我，冲浪的过程分为两个阶段。他一边比划着动作一边解说着："首先是'划水'，划水前进，找到合适的位置等待海浪。当海浪接近时，要迅速站起来，利用身体的重心和冲浪板的浮力，开始'站板'，随着海浪的推动，滑行于水面之上。"我认真听着，在脑海里不断模拟着这些动作。直起上身，右脚迈向踏板前段，调整身形，降低重心，目视前方。反复练习后，我一把抱起那比我高许多的冲浪板，脚步略显踉跄地向那湛蓝得令人心醉的海水奔去。

深入大海，层层叠叠的海浪亲抚肌肤，击打着我激动的心。一次次勇敢地趴在冲浪板上，试图与海浪抗衡，却未能抵抗住那汹涌澎湃的力量，当那脱缰的水流扑面而来，我努力保持平衡，多次尝试还是被浪整个掀翻，如寒风中的秋叶毫无还手之力，在海水无情地灌进鼻腔时，我切实地感受到了大自然的威力。青紫的膝盖，阻力中收拢着脚腕上的牵引绳，狼狈地回到浪区。阳光依旧刺眼，让人眩晕，勇气也许是一瞬间的念想，有时也可以是一辈子的执念，此刻的我选择坚持……

在无数次的跌倒与爬起之后，我找到了与海浪共舞的节奏。大海有规律的律动，打着浪的节拍，海浪起伏，身体跟着律动，浪声穿梭过耳，留下自由的呼唤，在心中反复告诉自己“我一定可以做到”。瞄准浪头，“准备——站起来！”浪推进的那瞬间，全身力量凝聚在这一刻。白色泡沫中，我乘风浪滑行于海面之上，一股难以言表的喜悦萦绕上心，这无疑是我成长路上一段崭新且难忘的经历。无论重来多少次，哪怕是筋疲力尽，也还是想要再一次站起来。此时此刻，只有我和海浪知道，那是独属于我们之间的默契。

与大海亲密接触，冲浪不仅仅是一项体育活动，更是一种生活态度。在海浪的拥抱中，我们切实地感受着生命的自由。冲浪如人生一般，每一个浪都是一个选择、一次机会，只有在海滩上踏踏实实地练习，做好充足的准备，准确无误地把握时机，以坚持不懈的精神，才能造就最后一气呵成的驰骋，成为一抹亮眼的风景。

在与海浪搏斗中拥抱挑战，挑战中找到自我，体验生命的无限可能。成长是一个不断尝试，挑战自我且突破极限的过程，历经风雨才能成为真正的自己。我相信这份乘风破浪的勇气将会助我在今后的人生之路上无所畏惧。

初 2025 届 1 班 马玥晨

寻己

再次踏上阔别已久的土地，草木似乎都在疯狂朝我涌来。排排平房点缀着无边的玉米地，远处的广场上传来久违的歌声，使我心底一颤。走近，想找到那个身影，是否仍在起舞？

回想那些夏日所有的瓢泼大雨，都消解作午后的疏懒阳光。不一样的语言习惯在我身上烙下了“异乡人”三字，他们用幼稚的方式来躲避我，躲避那个习惯自言自语、行为怪异的孩子。我只能在原野上漫游，像一尾漂泊的鱼。

耳边音乐流转，细听，是谁的收音机在叫嚷？循声望去，只见一“女子”身着红绿长衫，花扇轻摇，明灭间露出头顶略显俗气的头饰。只一眼，我便明了，那是令所有小孩望而却步的“怪人”——老无！他年近六十，却也矫健，人如其名，无身外之物，唯有一物尤其宝贝——他的二人转舞姿。

原野上，无形的淡金色的阳光翻动着玉米秆的叶，又掀起他的一角衣袂。他衣衫上的红让我真真想起春日桃花盛放的生机与热烈，丝缕间的绿让我忆起一场大雨枝头残存的新叶。步伐如游鱼，身姿若惊龙，挥袖间又生长出一条河，漂浮着音符来到我眼前。

他定已察觉到我在靠近，却不曾在意。手中捏把花扇，飞扬流苏，倾泻夏意。我这才看清，他的脸色，白净得像一面瓷。唇间轻轻一抹红，脸上涂了一层粉，还有那夸张的眼影，彩虹般画在眼皮上，宛若丹青未干的卷轴之上跳出的人。

一曲终了，他的口中也还念念有词，手腕翻转间，淡金色的阳光穿过他的瞳孔。我不知不觉已站在他面前，我完全摆脱了那些吓人的流言，深深被他的舞姿吸引。早期的二人转男扮女装是常态，可随着演员的增多，倒是老无这样的角变成了异类。他的词也是与普通二人转不同，删去了那些以调侃他者缺陷为快乐的恶俗笑话，听着让人格外舒服。

午后的阳光如猫的小憩，太恬静，恬静到只记得老无听我倾诉时，那半开半折的花扇。

“何必在意别人，做自己想做的事，不就是最快活吗？”说罢，他又吊着嗓子练他的“山不转水转”去了。年少时一知半解，只是对他满是敬佩。我依旧坚持我的跳脱想法，虽无法融入那群孩子，但也是多了一点谧静的喜悦。

在多少个日日夜夜，每当又陷入孤立无援的处境，眼前总是浮现那个起舞的身影。一把花扇翻转间抵挡了多少流言与恶意，半身红妆即使化成枯骨也依旧闪亮，几句谈论家长里短的唱词，研墨般，从春夏研究到秋冬，亦无悔。于是我一而再，再而三，三而不竭地坚持自己的英雄主义，向心中的山巅冲锋，让世界做陪衬。

那老无，你呢。是否又坦荡潇洒地度过了一个又一个苦夏，手执自我一片天地方圆？

初 2025 届 2 班 黄雅可

遇见自由之巅

雪盖掩山，经幡如舞，碧穹盖顶，西边火红的金日交相辉映。在零下十几度的中国最西部，我遇见自由之巅和她给予我的顶级浪漫。

八月的西藏，凉爽，但紫外线直射也辣得人皮肤生疼。上山前导游说："多带几件羽绒服。"我们将信将疑。上山，一路像经过几个不同的世纪，车窗急驰刻不下一帧帧美好。山脚，游人如云，成群结队的牦牛游于青草之间；山腰，几近荒芜，巨人的脊骨是黑褐色，尖峭而严肃，却颇具浪漫地纹上了星星点点的格桑花和棘草，莫名俏皮；临近山顶，开始有雪了，越近越厚，远处一队野牦牛走过，在地上陷了几种不同的脚印，深浅不一，像几排扣子，解开这座山的神秘……

登顶，同行旅客戴着氧气瓶，脸色青紫。我裹了三件羽绒服兴高采烈地下车，踏上雪地的那一刻，脚底的雪嘎吱作响，那是我生平在脚踩陆地的同时，离天最近的一次，在西藏海拔 5012 米的米拉山山巅。

抬头，极目都是天空，不留空隙，是极为纯的蓝。那碧穹就盖在米拉山山顶，像西藏酥油茶的茶盖，只是以这般成色，这茶盖怕是价值连城吧，皑皑山顶一个接一个，山巅之人可以俯瞰全貌，却望不到尽头，视线是跟着天空的遥远迷路了吧。山上常年积雪，三天前的冰雹仍未化，一颗颗都透亮、浑圆，那天神的眼睛，是否也这样纯洁呢？它映着穹顶游荡的云朵，天神这位画家不太熟练，把茶盖的晕染融成了一团又一团白色。

西边点上了灯，充当灯泡的金日款款地从云里往下坠。一缕金线牵出，勾勒过山顶，勾勒过我的每一寸肌肤和心脏。由金线汇成的一匹丝绸，从云端倾泻而下，我看那鎏金的色彩掺了红，只在山尖一点，便一发不可收拾，瞬间汩汩向下蔓延，成了一条金河，任意驰骋；我看这金河，滔滔向东，是要去布达拉宫吗？染吧，金、红、橙的颜色交相辉映，闪烁相间，比珍贵的唐卡都要绚丽。冰雹沐浴其中，用它的本事把圣光反射得更加夺目。它是否想把这金山的胜景，困在它透明的球体里，正如此刻朝天敬拜的我一样，想把它困进我黑色的眼睛？

站于山顶，循着金河的方向。俯瞰，是大半个西藏里热闹的芸芸众生；瞻仰，是天神直视的眼光穿透心底，要驱赶一切杂念。这二者让人觉得离嘈杂越来越远，想挣脱城市里逼仄建模似的高楼大厦，社会的尔虞我诈和生活的多变劳累，只想在此做个虔诚的信使，更奢侈一些的话，愿意当只动物，最好无拘无束，在山野间任意奔走，连天穹也盖不住我追求自由的脚步。

米拉山不是神山，但她比平原圣洁，比喜马拉雅亲切。她给予我广阔的疆域，驰骋我对自由与圣洁的想象，包容我不切实际的梦与呼唤。我朝天再拜，将热泪和虔诚献给米拉山，感谢她，允我与自由之巅的遇见。

初 2025 届 12 班 罗清扬

故乡的挂壁公路

山，像黛青色的巨浪，在天地间汹涌澎湃，肆意地扩张着它粗犷的线条，野蛮地疯长着它粗糙的筋肉。人宛若被山卷挟其中的一粒粒渺小的尘沙，被来自灵魂深处的震撼淹没。山，又像一条巨大的锁链，居住在这里的人们尽管辛勤劳作、任劳任怨，却依然被世世代代地、牢不可破地束缚在了贫困之中。

此刻我正站在这条锁链与外界唯一的出气口，一条被称为挂壁公路的乡村公路上。它蜿蜒曲折，绵延数十公里，把外界的新鲜空气带到了闭塞的山中。这条路，不仅是连接山内山外的通道，更是一条承载着无数人希望与梦想的生命线。

之所以叫挂壁公路，是因为它是硬生生地在山体表面凿出来的。远远望去，好像“挂”在山间一般。路的一边，是陡峭的岩壁，岩石的纹理清晰可见，仿佛在诉说着千万年的沧桑；另一边则是万丈悬崖，向下望，视线被无尽的深渊吞噬。公路上的狭窄处吝啬到仅容一辆车通行，宽些的地方也只能让两车勉强错车而已。

边走边看两旁的山，植被覆盖在黄色的土壤上，尽力地掩饰着这片土地的贫瘠，营造出繁荣的、生机勃勃的表象。但这片土地的真实情况是残酷的：这里容得下大片茂盛的森林，却容不下一块平坦的耕地；这里容得下种类繁多的草木，却容不下小麦与稻米；这里养活了无数的野兽，却能在灾荒年间饿死无数的农民。

为了改变这种现状，先辈们决定修路。想到这里，一些遥远却火热的日夜，忽然在我眼前清晰起来：麻绳深深地扣进肉里，磨出了老茧和血印；汗水在粗重的喘息声中不停地向下流，但一双双坚毅的眼睛毫无怨言；锤子与凿子与岩石激烈地碰撞着，坚硬了千万年的岩石，终究是败给了比它更坚硬的人。岩石粉碎的声音，劳动号子嘹亮的声音，与人们胜利的欢呼声交织在一起，在山间久久地回荡着。当我走到这段挂壁公路的尽头时，看着眼前变为通途的天堑，不禁感慨万千。这条路既是先辈们用血汗铸成的奇迹，也是一种不屈不挠的伟岸的精神象征。

如今大山里早就变了模样。随着这条挂壁公路涌进来的，是国家的扶贫政策、县里的物质援助和生活的崭新希望。挂壁公路已然成为山里人民的希望之路、致富之路、奔向幸福生活之路。它不仅仅是一条路，更是一座桥梁，连接着过去与未来，连接着贫困与富裕，连接着闭塞与开放。

站在这条路上，我感受到的不仅是脚下的坚实，更是一种深沉的力量。这条路让我明白，无论前方的道路多么艰险，只要坚定信念，脚踏实地，就一定能够走出一条属于自己的光明之路。故乡的挂壁公路，不仅改变了这片土地，也改变了我，它让我懂得，真正的力量，源于坚韧，源于希望，源于永不放弃的信念。

初 2025 届 3 班 余建枢

曙光

天还没亮透，像往常一样，我就着腌菜扒拉冷饭。外头麻雀开始叽喳，晨光像打翻的鸡蛋黄，慢慢洇在蓝布窗帘上。咸菜疙瘩嚼着嚼着就咸了嗓子，这才发觉脸上湿漉漉的。

那天原本该去学校，但没想到……桌角那一摞摞数学卷子上的红痕，看得人心里直发毛。我又把自己裹进棉花被里，听见妈妈在门外转悠，鞋底子蹭着地板沙沙响。爸爸抽烟的味儿也从门缝钻进来，混着叹息的潮气。

醒过来时已天光大亮。床在咯吱地响，我盯着天花板，焦虑如潮水般涌上喉咙，泪珠一串串落，我得上学了。可我就是不想动弹，仿佛整个人泡在梅雨季的酱缸里。

厨房飘来熬油的焦香，似乎又有鲫鱼汤的鲜嫩，那是引诱的钩子，没能钓起我来。

夜里凉下来了。对面楼里的灯光一闪一闪，让我想起菜场鱼摊上翻白肚的鲫鱼。半梦半醒间，好像看见妈妈端着碗在床沿坐了一宿，好像看见爸爸蹲在楼道里吸烟，烟头红点子明明灭灭，像萤火虫。

第二天晌午，书桌上黏着张便签。那是我之前抄的句子，见翘了角。还有一个蓝皮本子，妈妈的字一笔一画写得认真：

“4 月 × 日，今天女儿在被窝里哭，压力太重了，给她留了最爱的酒酿圆子。”

“4 月 × 日，女儿整天没下床，话不说，饭不吃，这怎么能行啊？”

“4 月 × 日，找到她从前摘的句子，贴在台灯下头。”

……

我摸着那些圆滚滚的字，是妈妈的笔记。僵硬的心脏突地跳动起来，温热的血液涌起，暂停的生命仿佛又被按下了继续播放的按钮。

电话铃突然炸响，凌老师的大嗓门震得我耳朵嗡嗡：“苟，你是躲家里孵蛋呢？赶紧给我爬起来！”我哧哧笑起来，她在那头也笑了：“赶忙过来陪我散步。”

我倚在楼顶的木质摇椅上，万物静止，我静静坐着，思绪飘忽不定。东边的天空云霞丝丝缕缕染上色彩。“人总要有点希望和勇气吧，”我想，“因为被爱着，所以永远会有坚定前行的力量。我曾在书中读到：‘真正的成长不是再也没有恐惧的东西，而是无论恐惧什么，都能怀着希望和勇气去面对。’”太阳仿佛顶着巨大的压力，一点一点爬上来，曙光乍现，光芒万丈。

一时晦暗莫哀戚，万丈曙光终破阴霾。永夜难捱，好在希望不散。晨光漫进来时，我往书包里塞了两个茶叶蛋。路口梧桐树抽新芽了，嫩生生的绿。卖饭团的阿姨揭开木桶，白汽忽地蒙住半条街。

我想起凌老师说的散步，这会儿她该在操场等我了吧。

初 2025 届 14 班 苟馨予

在风中成长

风是生命的刻度。纪伯伦说："因为生命的气息是在阳光中，生命把握在风里。"十四岁的我，正是在风的褶皱里，读懂了成长的重量与轻盈。

童年时的风是透明的翅膀，是运动永恒的盟友。河岸边芦苇摇曳，霞光四溢，我驾着自行车，伴着疾风，搅碎了满地的斑驳光影，向夕阳追去。那时的运动对我来说，是与风的对话，与云的赛跑，芦花的银白与夕阳的火红交织，将运动的快乐编进我的回忆。我似一阵清风，洒脱前行，不问前路。

步入中学，对体育越发重视，我竭尽所能地练习，只为了中考体育的满分。但在一日复一日的训练中，运动似乎索然无味，风不再与我做伴，我的身体麻木酸痛、沉重不堪，成绩却不进反退。像在沉重的夜里，茫茫无垠的大海上，掀起阵阵巨浪，一次又一次拍散我的信心与热情，我开始摸鱼摆烂，坠入激荡的漩涡。

转折始于某个瘀青色的夜。我不再去练那纷繁复杂的训练内容，而是来到久未踏足的跑道，希望能缓解一下身体的酸痛，夜空下繁星点点被阴霾遮挡，星光若隐若现、似有似无，我开始奔跑，速度很慢，耳边空净只有心跳声回荡，静静地跑着，拂过道旁的万家灯火。渐渐的，风声灌入耳中，我重新听见了风的回响。呼吸均匀，脚步轻盈，身体上的酸痛逐渐减弱，在这贯彻天地的风中，我变得自由，轻盈，洒脱，无拘无束，自初中以来，我从未感到运动如此快乐。清风扫过阴霾，璀璨的繁星照亮前路，我不再执着于分数，而是放开自我享受风一般运动的快乐。道旁梅花暗香隐隐，竟与多年前河岸芦苇荡的气息重叠。原来风从未离开，它只是藏进生命的褶皱，等待一场破茧的共振。

清风阵阵，拂过我的衣角发梢，吹走心间的阴云，我的心间又是那漫天的繁星与一轮皓月，我将永远记得这一次畅快的前行，这风中的自由与运动的快感。往后的练习中我不再一味追求分数，而是享受运动的快乐。沉夜终将过去，留下的只有那万里晴空。

在往后的人生中，我也与风为伍，不羁地前行，不再是只为了那一个遥不可期的目标，而是享受过程，体会奔跑的意义。我成了自己生命中的风，穿透天地，不惧桎梏，无畏前行。

初 2025 届 7 班 谢礼丞

一抹青苔

在初秋时节，我悠然漫步于蜿蜒的小道之上。彼时，漫天细雨如丝如缕，纷纷扬扬地飘落而下。道间那一块块灰色的青石板，宛如岁月的记录者，早已将尘世中多余的色彩悄然隐去，只留下质朴与厚重。

雨水悄无声息地落下，将自己最后的温柔留给了石板。在时光轻柔地揉搓之下，雨水与石板逐渐交融在一起，幻化成了一幅浑然天成的画卷。二者之间的界线渐渐模糊，直至消失不见，仿佛它们本就一体，在岁月的长河中共同谱写着宁静的乐章。

微雨笼罩下，世间万物都变得朦胧起来。一切仿佛都只是飘浮在季节长河中，匆匆掠过人生的幻影罢了。身边，万物如潺潺流水般悄然流动，雾气如轻纱般蒙住了所有的色彩，让整个世界都沉浸在一种如梦似幻的氛围之中。

就在这如梦如幻的世界里，生于墙缝间的一抹青苔，宛如一只无形的手，用力地拽住了这个看似虚幻的世界，将自己留在了现实当中。它的出现，打破了这份朦胧的宁静，给这迷茫的世界增添了一抹别样的生机。

望着这抹青苔，我不禁心生疑问：这究竟是一股怎样神奇的力量，能让它在如此恶劣的环境中顽强生长，紧紧抓住现实的世界？怀着这份好奇，我缓缓蹲下身来，想要仔细探寻它的奥秘。

眼前的这抹青苔，不过是一抹翠绿且油亮的存在罢了。它的质地极为柔软，稍稍用手轻轻一抹，它便仿佛一阵轻烟般消逝于这茫茫世界之中，显得那般脆弱而卑微。

它们似乎在这世上一直扮演着最微小、最容易被人忽视的角色。在高大挺拔的绿木脚下，它们甘愿成为默默的陪衬，衬托出绿木的伟岸；在庄严肃穆的古建筑之下，它们作为附庸，见证着岁月的变迁；又或是在乡间那蜿蜒曲折的小道旁，只是一抹毫不起眼的绿色，安静地存在着。无论身处何方，它们好像永远都难以成为舞台的主角，无论怎样努力生长，似乎都只是生命的徒劳挣扎。

然而，当我们深入思考，便会发现，它们生来平凡，却亦有不凡之处。平凡在于它们的渺小与卑微，不凡在于它们那坚韧不拔的生命力和对生活的执着态度。

雨势渐渐增大，雨滴如汹涌的波涛般滚滚而过。山间的树叶在风雨中飘零，宛如一只只无助的蝴蝶。野花也在狂风暴雨的肆虐下，无奈地低下了曾经高傲的头颅。绵延起伏的山中，仿佛一切都在风雨的侵袭下变得狼狈不堪。万物都好像正以一种虚无缥缈的速度坠落，朝着未知的深渊沉沦。

可是，那抹生长于墙缝间的青苔，却展现出了令人惊叹的倔强。它依然紧紧地握住那狭窄的石缝，如同握住了生命的希望，丝毫没有放松的意思。每一滴雨水打在它身上，它都只是微微颤抖，却从未有过一丝退缩。

此时，一股别样的感觉涌上我的心头。它看似在风雨的肆虐下无能为力地挣扎，每一次颤抖都仿佛是在承受巨大的痛苦；但端详，又似乎是在向命运发出无畏的挑战，用它那渺小却坚定的身姿，诉说着顽强与坚忍的精神。在这倾盆大雨之下，它所展现出的，绝非柔弱，而是一种无比强大的坚强力量。

当命运无情地将它留在那阴暗的石缝之中，不给它一丝阳光的眷顾时，它选择了沉默，在沉默中积蓄力量；当漫山遍野的群花竞相盛开，争奇斗艳之时，它不声不响地生长着，不与繁花争艳；如今，繁花已然凋零，万物都在死亡的阴影下被悄然收去，它却毅然站了出来，昂首挺胸，诉说着属于自己的故事。

它可以在绿荫的庇护下，肆意地生长，尽情感受生命的热烈与美好；它亦可以生长于高山之巅，俯瞰群山，见证万山之小的豪迈；它还能够居于古老的宫殿墙壁之上，历经古今大事，见证历史的沧桑变迁；甚至仅仅藏于那毫不起眼的石缝之中，也能享受生活赋予它的每一份宁静与美好。

时光匆匆流转，许多年后，我们或许也会如同这抹青苔一般，成为他人生活里的一抹苔痕。那些曾经不朽的执着，在后人眼中，也许会成为谈笑间的徒劳。然而，我们必须明白，生活里的不屈精神和奋斗历程，并不会因此而消失不见。它们早已深深地融入我们的生活，成为我们生命中不可或缺的一部分。“徒劳”不过是后来人在未经全貌的情况下，随意说出的一句评语，绝不能用它来限定我们那美丽、多彩而又平凡的人生。我们的人生，有着属于自己的精彩与价值，无论时光如何流转，都无法磨灭。

初 2025 届 12 班 张焱瑜

卷六 记忆成诗

老照片泛黄如叶，
旧时光沉香若檀

父亲的相册

阳光的微热被风温柔地揉进山谷，风儿携着森林的呼唤在耳边呢喃。八月的盛夏，西藏却全无那般燥热了。没有聒噪的蝉鸣，没有顶天的烈日，却如十月末入秋般凉爽，这，是独属于西藏的温柔。

深呼吸，才知道什么是真正的森林。一缕穿林而过的清风，一捧倾泻而下的雪亮的山泉，甚至是山顶地衣上薄薄的一层积雪，兴许还有朝圣之人虔诚的呢喃。我张开双臂，似乎想将整个森林拥入怀中。

可不合时宜的事就这么发生了。“咔嚓……”我似被惊起的小雀猛然回头，看见你举起手机，笑得一脸得意。我明白你是在偷拍，想起刚才那幅陶醉的模样就这样突兀地被记录下来，不禁恼羞成怒，像只炸毛的野猫般张牙舞爪地跳起来抢夺你的手机。奈何身高差距过大，伴随着手机的锁屏声响起，我算是明白了胜负，躲进车内再不见你。你也不介意，脸上仍挂着胜利的喜悦。

自打我记事起你就有这么个习惯：爱给我拍照，不厌其烦，走到哪都要拍一张。那时年幼，初识这新奇物，万般好奇，便也跟着拍几张。随着一天天长大，兴许是自尊作祟，对拍照也生出了一种抗拒。于是各种躲避阻挠、吵架拌嘴，就是不肯好好面向镜头拍照。于是你也找来了各种办法来应对我的不配合，每次的拍照都演变为了一场游击战。

有时候，偶然回头瞟向你，发现你拿起手机冲着我，便会不依不饶地追过去，夺过手机强制删除。你不如我灵活，常常被我抓了现行，可相册里还是会出现几张我的“黑历史”。随着次数增多，你似乎也倦了，不再强求或偷拍我，你鲜少再为我记录什么。

直至一天，我换了新手表，闲来无事翻开手表中的“时光剪影”，我惊讶地看见了从前定格的痕迹。近几日在操场上奔跑的我，几个月前西藏旅拍时，手拿转金筒虔诚祈愿的我，甚至是更早小学时初学游泳的我，两三岁时手中高举小熊布偶的我……零散的记忆与过去，都被你一片一片拾起，视若珍宝地收藏，记忆的黑白电视机上频频闪烁，拼凑出一幅幅生动的画面。

我的记忆是一池浑水，父亲的相册使我从中捞出几尾金色的鱼，让我再次触摸那些闪亮的鳞片。

或许拍照也是可以被接受的，你珍藏的每一片生活之鱼的鳞，都将会永远闪耀在我心中的池水中。那不仅仅是拍照，还是你沉默无声的爱，难以言表的爱，或是有些寂寞的爱。我也不是不知道，只是那时没能懂，没能懂你那沉重的、伴有寂寞旋律的爱。

也许未来会有坎坷与风雨，但我知道我将会走向远方，走向燕子飞来的地方，花海盛开的地方，白云飘来的地方。因为身后，是父亲为我而记录的相册，是你守候的岁月，是你等候的目光。不管走多远，你的爱就如风筝的长线，千里万里，牵挂着我，在心中飘扬。

初 2025 届 11 班 黄诗乔

旋律的传承不被定义

日暮时分，掀起鎏金斑驳的琴盖，轻奏起时光的韵律诗篇，在古典的循规蹈矩里寻觅现代的自由跳脱。旋律的传承兼济着的融合，跃出条条框框，独在时光夹缝里被奏响。

仍忆得六岁那年，母亲牵着我的手走进一家老琴行。法国梧桐的黄绿飘摇着时光的影，泛黄的老旧琴键上，老师握住我的手，叩响旋律。余音是震醒岁月的回响，颤动我心。“每个音符都是时光的琥珀。”老师的话落在琴键上，生根发芽。

自此我踏上追寻古典乐的征程。当我在琴前奏起巴赫的篇章，楼下的车水马龙喧嚷着电子乐的痕迹。街角的阿婆见我总会指指点点：“这年头学古董琴，倒不如弹吉他风光！”而我耸着肩高傲地路过，心想，懂什么，古典乐的精华就在一丝不苟的遵循与传承！

未曾想过那个倔强的想法是错的，像个孩童用局限的认知，困在一隅小小角落，用定义的枷锁禁锢了思维。

直到三年前的一个暴雨天，我在琴键上追逐德彪西的《月光》。窗外雨滴与霓虹灯光斑驳起玻璃上的光晕，行至暴风骤雨一样的第三乐章的落幕之际，忽然听见不知何处飘来《月亮河》的歌声。像是附和着，我用琴键流淌出它的旋律飘拂相伴，而古典与爵士的交融，澄明时空的交错纵横，空灵出音乐的轮转，忽地打破了那个死守古典定义的自己。

或许百年前的德彪西，在奏着延续前人经典灵魂而作的《月光》时，也因哪位佳人回眸一笑，奔放起音律吧？诚然，此非跳出原先的乐章，而是进一步的传承与完善吧——所谓传承不是固守时光定义好的标本，而是守正创新，在新时空里用新的方式创造更璀璨的珍宝。

现在我打破丈量音乐的标签了。楼下的奶茶店响起流行乐片段，我就弹《人生的旋转木马》，奏响和谐的国舞曲。循着时间的浪潮，定义如纷纷白雪落下、融化，把自由带出条条框框的拘束，静享佳音。街尾阿婆开始认同我的弹奏风格，因我弹的《最炫民族风》给她们的广场舞作了伴奏——刻板印象可以打破，顺流而下的，是艺术新的倩影，在翩翩起舞。

每个音符都是时光的琥珀，循音韵的传承交错了时空，粉碎定义之锁，把余音拉得很长很长，足以响彻时光，在前人的漂流瓶里装上新的珍珠。

初 2025 届 4 班 陈穆妍

金秋梦潮

秋季的浪潮，吞没了整个城市，一家毫不起眼的小卖店前的银杏树荡出一片涌动的金浪。在凛冽的秋风中，地上精灵般的金叶翩翩又扬起，在无数虚幻的梦里搭起通向我的桥梁。踏了，塌了，醒了，哭了。

在五岁前的记忆里，没有父母年轻的样子，只有那银杏树纤弱无力的枝条于秋风中凌乱的样子。时常在空虚寂寞的日子里，我就在脚边和头顶奔腾的金浪中遨游，任脑中天马行空。

附近小区的孩子笑话我，说那棵树像我一样瘦弱，我则像那树一样不中用。原来再美的梦也会成阴云。那轻飘飘又似有千钧重的话压弯了树冠。它要撑不住了！天要把我们吞噬了！

一把扫帚横在我面前，凶神恶煞地扫开了那些话语，一个凶狠的吴浓口音的女声用尽了世上最恶毒的词汇冲一哄而散的小坏蛋们连珠炮般击去，远处传来一阵号哭。

那个人，我的外婆，她给了我一个温热的火炕和一个温暖的怀抱，一个可爱而温馨的家，一个简朴却幸福的童年。

她不知怎么带孩子，母亲也不是她亲手带大的。于是，在风雨交加、电闪雷鸣的夜晚，伴我入睡的只能是她慌乱无措的轻抚和一些很有年代感的老歌。我是清楚的，这些东西已是外婆的“毕生所学”了，那些错乱的音符与窗外银杏金浪“沙沙”潮声交织成我童年空灵绚丽的金秋梦潮。

从来没有什么孤独空虚一说。当阴云压下来，会有一片金秋的梦潮冲散一切的恐惧，遥远异乡的织梦之人早已为你的未来织成一条美丽的金浪欢淌的水渠，只需扬起风帆，同这汹涌的金秋梦潮一同冲破迷途的黑暗。

初 2025 届 13 班 马楚越

周川川大梦回忆录

我的叔叔喜欢熬夜，抽旱烟，制造废纸。

邻居们在背地里偷偷叫他大疯子，却要当面指着我叫小疯子。

也许我和叔叔一样奇怪。说起来，我早已忘记为什么要喊他叔叔了。我问他，他只说是我病了。我让他带我去医院，他却说自己就是医生，要给我采草配药，我怕他是个庸医，把我给治死了，于是从未吃过一粒他配的药丸。

我原以为是这房子有问题，但现在我怀疑这是家族基因的缺陷，因为叔叔和我一样糟糕，或者说，是糟糕透了。他在楼上的书房里总是搞出令人厌烦的声音，噼里啪啦，咚里咣唧，这是他找不到那支已经被用得掉漆的笔而发疯的动静。唉，一支破笔而已！

“周川川，你见着我的笔了吗？”不管夜有多深，他总会夸张地嚎叫起来。

我不甘示弱，以同样的气势回复：“肯定是混在你那一堆破纸里了！”

他那书房里，废纸成堆，简直都能铺成地毯，笔一合一放，自然就不见了踪影。每每至此，他都要闹得天翻地覆，不是怀疑被邻居给偷走了，就是笃定被我遗忘在哪个角落里了。后来，我懒得再上二楼去，省得有偷笔的嫌疑。

我曾经发过善心，悄悄给他换了支新笔，他却指着我的鼻子骂道："披着精致的外壳却吐不出一丝骨气，我哪里能用这样的玩意儿！"少顷，他许是察觉出自己的话重了，又平静地拿出那支旧笔，说："你以后切勿戏之玩之，这可是我打敌人的武器，丢不得，丢不得！"

其实我并不理解，他一个整天窝在书房里的人要武器做什么，又没有人想来迫害他。当然，除了半夜被他吵醒的邻居。

可他后来大概是被人迫害了。还记得那日，他像往常一样，从大堆大堆的废纸里挑出来些能看的，把它们卷了卷夹在腋下，又裹上长袍大褂出了门。等到他再回来时，那一沓手稿居然还在他身上。他喝了一口热茶，严肃地告诉我："外面下了通缉令，咱们得搬家。"

我很快就收拾好了行李，他也打包了他的行李——几箱子废纸和那一支旧笔。旧笔已然锈迹斑斑，被他像宝物一样揣在怀里。我无力理会他的疯癫，只是看着逐渐远去的房子落寞怅然。他却还是一脸轻松，捧着那支旧笔，笑道："我不是败了，而是武器强悍，他们怕了。"

我哪里敢相信疯子说的话，只是默默在心里骂他。几经辗转，我们安顿下来。他还是老样子，抽旱烟，熬夜拿旧笔侍弄废纸，只是白日里也时常出去讲学。可不知从什么时候开始，他咳嗽起来，我说这是抽旱烟抽的，他倔强地极力否认，说这是病毒感染。我听不懂，劝着让他放下笔多睡会，却终是徒劳，只好随他去了。

直到他咳出了血，我才把这头倔强的驴拉到医院，结果还没躺几天，他瞒着我回了书房，油灯摇曳，烟雾缭绕。等我再找到他时，他蜷缩在废纸堆里，已经快不行了。熹微的晨光照着他蜡黄消瘦的身体，我哭，他却释然地笑。

“把这支笔传下去！”这是他留下的最后一句话。

他死后，我开始整理那堆废纸。直到现在，我才发现那不是废纸，是他点燃生命，为拯救国民而发出的光。

终于，从他杂乱的手稿中，我看到个歪歪扭扭的笔名：鲁迅。

梦醒了。

——谨以此文，致敬伟大的文学领袖鲁迅先生

注释：

1.“我”忘记为什么喊他叔叔——暗示这是在梦里，“我”实在不记得哪里来的叔叔。

2.叔叔喜欢熬夜，抽旱烟，制造废纸（一遍遍修改手稿）——符合鲁迅的习惯。

3.他说他就是医生——鲁迅弃医从文，懂医学。

4.一支破旧的笔——象征着为拯救国民而写出的文字/坚定的立场。

5.当下风头正盛的新笔——为黑暗服务的“文人墨客”。

6.叔叔要给“我”开药——鲁迅给国民制作出的医治思想的良方。

7.“我”拒绝吃药——所以思想愚昧，甚至劝鲁迅为个人享受而屈服于当时的黑暗统治。

初 2025 届 9 班 胡锦琳

我心中的那盏明灯

每当我在学习的道路上感到疲惫与迷茫，母亲在暗夜中伴着灯光专注学习的身影，总会如同一幅清晰的画卷，在我的脑海中缓缓展开。

母亲是个对学习充满热忱的人。她闲暇时热衷于刷各类烹饪视频，上完晚班归家，便迫不及待地钻进厨房，开启她的“研究之旅”。厨房的灯光彻夜未眠，锅碗瓢盆的碰撞声，宛如寂静深夜中独特而动听的旋律。清晨，那曾令我厌烦的嘈杂声，化作了一盘盘色香味俱佳的佳肴。每当我们对菜品赞不绝口，母亲的脸上便会绽放出幸福的笑容。如今，她几乎精通所有菜系的特色菜。然而，对烹饪的学习已无法满足母亲那如饥似渴的求知欲。

于是，她毅然踏上了学习英语的征程。每天，她都会利用零碎的半小时，对着手机中的“多邻国”，念叨着不太标准的英语，那模样就像阿长错念《山海经》为“三哼经”，令人不禁莞尔。起初，我以为这只是她一时的兴致，渐渐地对那别扭的声音习以为常，不再在意。直到那念叨“中式英语”的声音逐渐消失，取而代之的是刷视频的声响。

“妈，您不读英语了？”我故作随意地问道。母亲依旧伏在案前，手中的笔在本子与老花镜之间迅速切换，头也不抬地应付着我：“早上头脑清醒，我都坚持三百多天了，可不能断了打卡。”我惊讶不已，没想到她已坚持近一年。寒冬的清晨，如此冰冷，她却能早早起身学习英语。以她的年纪，这般努力，着实令人钦佩。我满心疑惑，她如此执着学习究竟是为了什么？

出于好奇，我悄悄靠近，只见屏幕上的老师正口若悬河地讲解着，母亲的本子上密密麻麻写满了字，那场景令我再次震惊。我忍不住惊呼："啊，您在做什么？"母亲只是平静地说："备考。""考什么？"我急切追问。"考研呐。"母亲的回答让我瞬间呆立原地，心中乱成一团麻。我实在难以理解，她为何对学习如此痴迷？于我而言，学习不过是完成令人厌倦的任务，我只是机械地接受老师传授的知识，早已对这一成不变的模式感到麻木。

母亲却不再理会我，继续听课。她坐在书桌前，身体微微前倾，仿佛要与知识缩短距离。暖黄灯光洒下，照亮她手中的笔记，也点亮了她的眼眸。我回忆起平日她专注研读时的模样，那眼中闪烁着炽热的光芒，是对未知的渴望。在昏暗的深夜，她的眼眸里跳动着一束光，恰似黑夜里闪耀的启明星。遇到不解之处，光芒短暂摇曳后愈发坚毅，随着理解深入，光亮欢快闪烁，那是对知识纯粹的热爱与渴望，璀璨夺目，令人动容。或许母亲所享受的便是收获知识的满足感，是漫漫学习之路中领悟到的一点一滴，是充实人生的每一个时刻。

母亲在灯下凝神学习的姿态，闪烁求知光芒的眼睛，深深地烙印在我的心底，仿佛一盏永不熄灭的明灯。在我学习陷入困境之时，她为我照亮前行的道路，指引我前进的方向。她就像我心中那永恒的灯塔。

一位年过半百的长辈尚且如此勤奋好学，我又有何理由懈怠？

初 2025 届 12 班 江尚可

我心中的那滴泪

死亡从来都是我们所忌讳的，连同那些与死亡沾边的物品也一起被贴上“不吉利”的标签。我惧怕死亡，因为长辈们说起它个个都面露难色，因为这意味着离别，直到那滴泪落在我的心间。

在老家山坡，街道的角落处，有一家特殊的店——花圈店。店中总是冷冷清清，就像它那沉闷的蓝色招牌。街坊们都不喜欢它，准确来说更像是躲避着它，但近日却一反常态，来来往往地出入花圈店，就连那平日最讨厌花圈的张大娘也进入花圈店。我看见她出来时手中抱着一个大大的白色花圈，但更令人惊讶的是她那张悲伤得溢出水的脸：鼻子像海绵一样红肿，每条皱纹中都盈满了泪水，眼神迷离无助，这和我所认识的泼辣的她简直判若两人。泪水顺着她那褐黄的脸颊落在我的心上，使我浑身一哆嗦。

张大娘是花圈店旁边弹棉花店的老板，平日最喜欢说的就是：“这店的位置，当年没选好啊，真是太晦气了！”年幼的我会问她为什么，她总是语重心长地告诉我：“那是死人用的东西，可不晦气！要离那些东西远远地，小心被那晦气缠身！”我似懂非懂，一颗小小的种子在我心中萌芽。

如今，张大娘却主动去了那花圈店，让我心生诧异。一打听才晓得，是张大娘的老伴过世了，葬礼在后天举行。我默默站在灵堂里，看着那各式各样，但无一不写着“奠”的花圈，心中升起复杂的情绪，莫名地一滴泪淌到我的衣襟，落到我的心中，那颗在心中萌芽的种子也开始生长。

我记起那次在花圈店外偷看那店中的男人制作花圈，他的手如海鸟般灵活，在上下翻飞，将一个个大大小小的竹架接成球状，又严严实实盖上一层稻草，铺上绿色的花泥，拿出一桶白菊，清理枝叶，细细插上，似乎每一个角度，每一处深浅都有讲究。当时的我只记得对他高超的技术而发出感慨，偏偏忘了他眼神中的悲悯和对生命的尊重。我想他也曾落过泪，而那滴泪顺着花圈也落入我的心中。

一滴泪，两滴泪，三滴泪，它们如养分般催生我心中的种子发芽，它开出的花，不是张大娘告诉我的那“不吉利”的想法，而是对于死亡离别的思考。死亡就像是花开花落，是自然的规律，无法避免。古人们创造的花圈，并非想让其成为死亡的象征，而是来表达思念的无声。我们不应将死亡和花圈一同污名化。

我心中的那滴泪有着无言的力量，它让我明白，可怕的不是死亡，而是人们的不理解、不尊重让其被夸张。所以正视死亡，正视离别才是正确的处理方法。

初 2025 届 2 班 任蕊晨

四季轮回处

“外公，你好呀！”

提笔写下这句问候时，窗外的桃花正在暮春细雨中簌簌飘落。记忆总在某个不经意的瞬间苏醒——母亲曾无数次向我描绘那个同样湿润的春天：在产房此起彼伏的啼哭声中，你用布满沟壑的双手托起襁褓中的我，浑厚的嗓音压得低低的，却把襁褓裹得比蚕茧还要密实。那些温热的体温，裹挟着春天的泥土气息，在往后的岁月里酿成了我生命最初的记忆。

十三岁那年的蝉鸣来得格外早，医院走廊的消毒水气味与夏日的燥热混作一团。“外公，我是谁啊？谁来看你啦？”“这当然是我家小娃娃嘛！哈哈哈哈，快来快来，来外公这里！”你浑浊的眸子忽然亮起来，眼尾的皱纹涌向鬓角，每一条纹路里，都埋藏着细碎欢喜，把消毒水浸透的白色世界都映出了暖意。

可很快，一张阿尔兹海默病病历单如巨石般压在我的心头，让我感到不忍与悲伤。

于是，你的病情愈来愈重，头疼总是伴着深夜一同来到你的梦中，白天的药效退去，你疼痛难忍，又害怕打扰熟睡的我们，便独自一人在走廊上踱步，布鞋底与瓷砖摩擦的沙沙声，混着头顶刺眼的白炽灯光，将万籁俱寂的深夜织成一张沉重的网。我起身，望见的，却是一幕漆黑下，一个惨白的人影，一声痛苦的呻吟和来来回回的脚步。深秋夜色愈发浓稠了。

未见寒霜，也不见雪花缀满枝头，可苍茫间，冬的无力与苦涩已将大地裹挟。因身负学业，所以探望你的时间越来越少，我知道你总是盼望，但我却很少让你如愿以偿，于是，只好小心翼翼地将那些期待的目光安放在心脏最深处，不时翻涌起温暖的浪潮，又漾起自责与后悔的漩涡。

春又至。外公，春天的花又开了。悠悠，浩荡……

初 2025 届 13 班 张家路月

卷七　生命礼赞

草籽破土即惊雷，
枯枝抽芽胜梵音

《校园》(版画)

初 2025 届 12 班 付林子

《5 点 53 分，天空与我》（摄影）

初 2025 届 11 班 周姝含

《闲暇时光》（摄影）

初 2025 届 12 班　唐浩华

《青花瓷》（绘画）

初 2025 届 12 班 罗梦瑶

《青瓦白墙》（摄影）

初 2025 届 13 班 谷穗儿

《廊桥遗梦》（摄影）

初 2025 届 13 班 张馨尹

《日落金顶》（摄影）

初 2025 届 13 班 蔡思涵

《一山信仰》（摄影）

初 2025 届 14 班 范雨函

《印天碧草》(摄影)

初 2025 届 14 班 苟馨予

《青云之上》（绘画）

初 2025 届 14 班 舒扬博

《通往城市的宏桥》（摄影）

初 2025 届 14 班 张城君

《春和景明》（书法）

初 2025 届 14 班 张城君

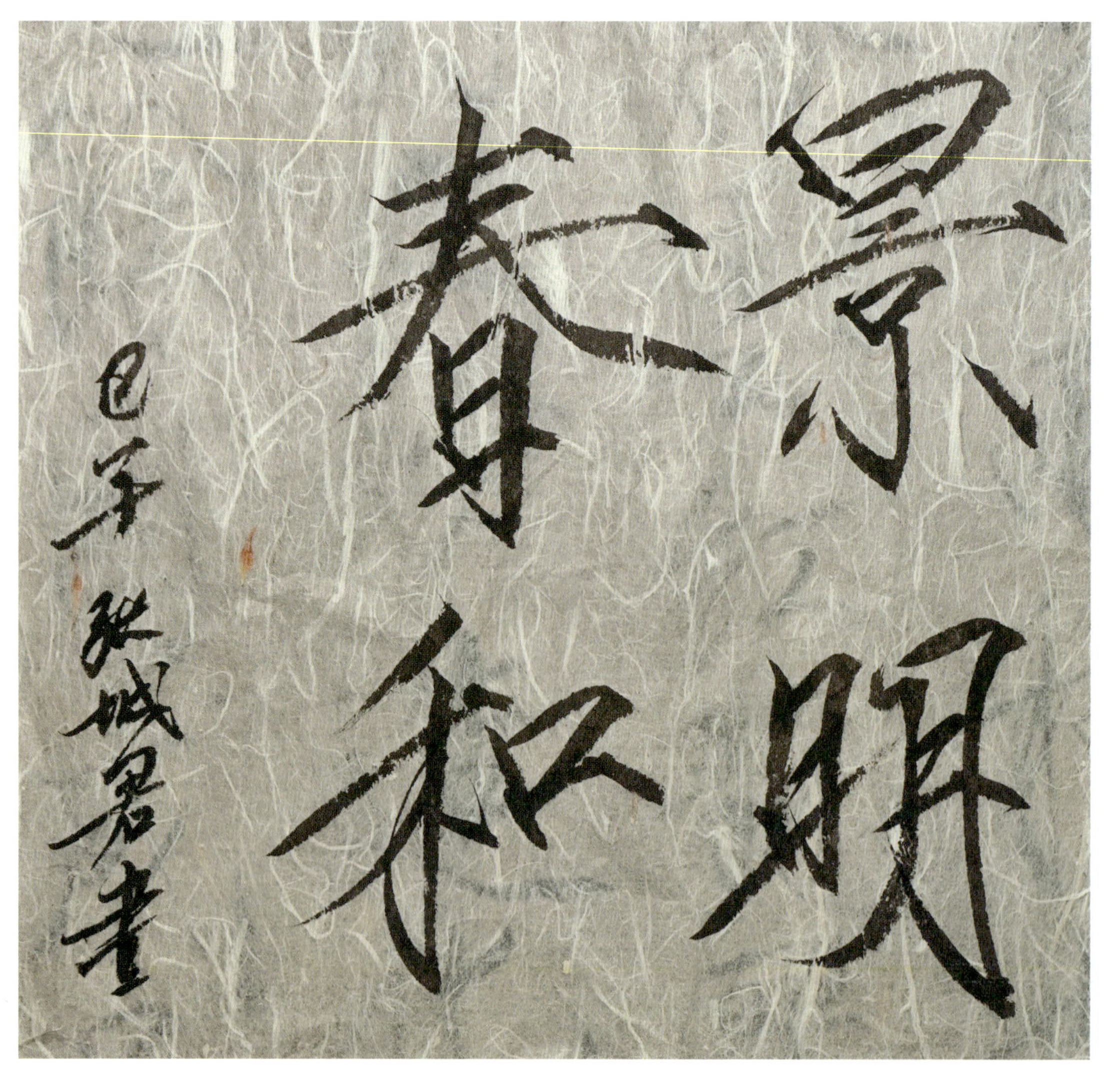

晋太元中武陵人捕魚為業緣溪行忘路之遠近忽逢桃花
林夾岸數百步中無雜樹芳草鮮美落英繽紛漁人甚異
之復前行欲窮其林林盡水源便得一山山有小口髣髴若有光
便捨船從口入初極狹纔通人復行數十步豁然開朗土地
邑人来此絕不復出焉遂与外人間隔問今是何世乃不知有
漢無論魏晉此人一一為具言所聞皆歎惋餘人各復延至其
家皆出酒食停數日辭去此中人語云不足為外人道扶向路
處處志之及郡下詣太守即遣其人隨其往尋向所志遂迷不復
得路南陽劉子驥高尚士也聞之欣然規往未果尋病終後
遂無問津者 嬴氏亂天紀賢者避其世黃綺之商
山伊人亦云逝往迹浸復湮来逕遂蕪廢相命肆農耕
日入從所憩桑竹垂餘蔭菽稷隨時藝春蠶收長絲
平曠屋舍儼然有良田美池桑竹之屬阡陌交通雞犬相聞
其中往來種作男女衣着悉如外人黃髮垂髫並怡然自樂見
漁人乃大驚問所從來具答之便要還家設酒殺雞作食村
中聞有此人咸來問訊自云先世避秦時亂率妻子
秋熟靡王稅荒路曖交通雞犬互鳴吠俎豆猶古法
衣裳無新製童孺縱行歌斑白歡游詣草榮
識節和木衰知風厲雖無紀曆誌四時自成歲怡然
有餘樂于何勞智慧奇蹤隱五百一朝敞神界淳薄
既異源旋復還幽蔽借問游方士焉測塵囂外願言躡輕風高舉尋吾契 雨欣

《桃花源记》（书法）

初 2025 届 14 班 邓雨欣

《咫尺的热血》（摄影）

初 2025 届 14 班 朱丽蓉

《佳肴里的温情》（摄影）

初 2025 届 8 班 傅榆茗

《云辉》（摄影）

初 2025 届 8 班 周欣宇

《仙人掌的世界》（绘画）

初 2025 届 12 班 王玺茗

生命的旋律

依稀记得我与她的第一次见面是在三四年前，她初到我家，对一切都是警惕的，小小的一团，缩在沙发的角落，绿偏黄的眼睛大大地睁着。她是我的猫，我是她的主人。我与她命运的旋律就此奏响。

她到家时只有三个月大，又正值冬天，我真怕她熬不过这个寒冷的季节。总喜欢把她抱在怀里，她真的很轻，小小的一只，我也怕一不小心就伤着了她。可她的体温却不断地从手里传到我的心里，那是属于生命的温度。晚上，我背着父母将她带入我的房间，在我的枕边叠了一方小小的毛毯，可她不愿待在那儿，在我的小小书房里四处打探，最后我失落地关了灯。深夜，躺在床上的我，突然感觉腿上一沉，她趴在了我的小腿上。透过厚厚的棉袄，我感觉到她将自己缩成了一团，我不敢动，怕惊走了她，第一晚上就这么过去了。

日子渐渐拉长，她也成为家中的一员。她慢慢长大，皮毛渐渐丰满，家里的角落都留下了她的爪印。我给她取名波妞，是《悬崖上的金鱼公主》中那条小金鱼的名字，希望她与波妞一样，是人间纯真与爱的载体。在我一遍又一遍的呼唤声中，终于在某一天，她也认可了这个名字。我难以用二维的文字去描述我当时“立体”的兴奋、激动。我一遍遍地叫她，她也一遍遍地回应，“波妞?”“喵”“波妞”“喵”“波妞波妞波妞!”“喵喵喵”……

可——高楼林立的城市，好像真的不适合她生活。父母要上班，我要上学，她就独守空荡荡的房间，期望着我们早点回家，日复一日。猫是好动的，可能是为了一只窗外的虫子或者小鸟，在她第三次翻出窗户，蜷缩在巴掌大小的窗檐下，命悬一线时，我终于同意了父母的建议，把她送回农村老家，让爷爷奶奶带她。我和她分开快两年了，她已经不记得她叫波妞了，过年回老家时好像也不认识我了，像面对陌生人一样，也开始躲着我了。

虽然失落，但我不后悔。当我正在写这篇文章时，她说不定正在院里打闹，追逐那五彩的蝴蝶。她的生命属于奔跑、户外与自然，这才是她作为一只猫，该有的生命旋律，而我也会在校园奏出我生命的旋律。

总该有那么一刻我们俩生命的旋律会出现共鸣吧!

初 2025 届 8 班 张祉悦

新生的喜悦，请将逝去的悲伤隐没

在爱我的记忆消失以前，请记住我。在我的生命逝去之前，请爱我。

初春的四月芳菲，在清明的寒食之音中，平添了几丝惨淡的哀愁。蒙蒙细雨之间，家人与我踱至了墓园。

是清明，曾祖父母每一年都不会被我们忘记，手捧几束鲜花，身着几席黑衣，将灿烂的菊花映出了惨淡，是清明特有的氛围，酝酿着思念，我与父母来到了两老的墓前。

是逝去的悲伤，在淅淅沥沥的小雨中萦绕，是生离死别的思念，在两方墓碑前淋漓地流露。一念，平日间曾祖父予我无尽的和蔼；二念，除夕之夜永远在首座中的曾祖父的慈祥；三念，如今此一方小小的墓碑隔阂了曾祖父予我永远的关怀。泪水，簌簌地婆娑在我的脸颊上，是悲伤，清明时节永远的悲伤……

环顾四周，往年前来祭拜的家人中，却不见了小姨的身影，“不知道甜甜怎么样了，孩子应该已经出生了吧？”母亲默默地念叨着。顷刻间，我才知晓，自己的表妹即将出世。

黑色的伞下，悲伤的脸上，也跃出了几丝新生的喜悦。

无语凝伫间，清脆的手机铃声划破了墓园中哀愁的寂静，是小姨的母亲，我的姨婆来电。

“孩子出生了！是女孩！”手机那头的喜悦，溢出了屏幕，涌入了这几近使人窒息的墓园的每个角落。天色放晴，忧伤竟也静静地流了去。放眼望去，母亲激动地于墓前呢喃，用眼含热泪的模样向曾祖父报喜，脸上早已消失了七分悲伤，是新生的喜悦，是新生的希望！

将思念的泪水擦干，在我的记忆消失之前，我定会将曾祖父的一切记住；将曾祖父的一切思念；将新生的希望满怀。在我的生命逝去之前，我定会将我的表妹爱护。清明的天空初始晴朗，悲伤的泪水在无限的思念中不再流淌，新生的喜悦却在墓园中承载了希望，在我们的心间无限徜徉。

在墓碑前，我任由着思绪流淌，曾祖父母，我会永远思念你们，永远爱你们，可不会再有泪水与忧伤，因为我想，那新生的喜悦会将一切悲伤点亮，从此，思念有了温度，泪水不再，欢乐常来。

新生的喜悦啊！请你将逝去的悲伤隐没，对逝去亲人的思念，终会在新生命的接踵而至间，少去三分黑白，斑斓七分色彩。

初 2025 届 8 班 王晴朗

东隅已逝

人生何处不迷雾
往事尽飞烟
时光还阳
任岁月常掠
去留无意
自有到来风

初 2025 届 14 班 刘静可

让爱意交织

缠绕在脖颈的温度，让我们的爱意交织。

——题记

十一月的风凛冽过屋檐，淡墨的天色下，晕染开一片残雪，不偏不倚就冰冷过窗前我的指尖。空气中凝出独属于冬天糖炒栗子的焦糖，屋内暖光一闪一闪，爷爷的脸上仿佛渡了光。

“幺妹，你这条围巾都戴了多少年啦！唉，都是爷爷老了眼睛实在看不清，不然我要给我们幺妹再织一条更好看的围巾……”

爷爷的话，把我拉入了回忆的漩涡。

小时候我总是依偎在爷爷的怀里，听他讲他们老一辈的故事，我总是听得津津有味。从幼儿园到小学，爷爷每天都会来接我放学，每次我人还没走出校门就能看到爷爷那含笑的眼睛，大家总是羡慕我，觉得我有一个宠我爱我的爷爷，我也这么觉得。我还记得以前我还不会扎头发，家里又只有爷爷，爷爷竟学会了扎头发，我当时觉得爷爷好厉害。看到爷爷那骄傲的模样，脸颊边若隐若现的小酒窝，我感到安心与温暖随着我一点一点长大，而我不需要爷爷接送了，许多事也学会自己做了，但爷爷总是想为我做点什么。一天放学，刚一进家门爷爷就出现在我眼前，递给了我一团白色的毛绒绒的东西，仔细一看，那是一条围巾。“这不是为了让我们幺妹冬天上学少挨点冻……”我抬头看向爷爷，他总是乐呵呵的，那对小酒窝又出现了，酒窝似真的有酒般，令我沉醉、着迷。我又想到这个小老头戴着老花镜，拿着针线，笨拙地研究怎么织围巾，不禁心里发涩，鼻头发酸。那一针一线，都是爷爷对我深深的爱，被缠绕在一起，成了这条围巾。感受着爷爷的手艺和心意，我心中涌起一股暖流，爷爷对我的爱，静静地交织在我的生活中。

直到现在，每一个冬天我都会围上这条围巾，那股暖意萦绕在脖颈处，低头看去，雪白的围巾稳稳地缠绕在我肩头。围巾带来的暖意驱逐了我身上寒冷冬天所留下的痕迹，传遍全身。这条围巾，虽没有绚丽的色彩或复杂的图案，但当你真正感受到围巾所带来的温暖，会发现其中所蕴含的无尽甜蜜。爷爷对我的爱亦是如此，没有华丽的言语包装，却交织在每一个细微之处，让我感受到那份细腻与甜蜜。

初 2025 届 5 班 罗颢灵

生命的回响

时隔多年，我脑海中仍然镌刻着那个画面，孙少平背着一个巨大破烂的行囊，他彷徨地站在黄原汽车站前却握紧了双拳，以显示拼搏闯荡的勇气。

今年夏天，当我在纪念馆看到黄大发的雕像时，很久以前的那个上午，与此时重叠。很久之前的那个人，化作眼前的雕塑。廉颇虽老矣，仍可拼！

往纪念堂走去的路上，路边是条几丈深的水渠，从山顶盘旋，流淌，坠落，带着清凉。周围全是树，阳光透过枝叶，星星点点晃在水中，风一吹，树上、皮肤上似乎都有了粼粼的波，波声阵阵，在山中悠悠回响。

但三十年前，这里不是这样的，这是中国的黔北，云贵高原的边缘，水土流失严重。有民谣为“好个草王坝，就是干烧大，姑娘往外嫁，光棍一大把”。可是在如此险恶之地，一个老汉却许下了“水过不去，拿命来铺”的誓言，如巨石掷入深海中，波涛汹涌，回声阵阵，用一条渠滋润一方黎民。

他在正值壮年之时，担任了这里的党委书记，没有施工队，没有测量仪器，他每天站在悬崖边上贴着石头双手估量，规划方案，组织人员。从始至终，凛冽的寒风伴他左右。女儿患了严重的肾衰竭，为不出乱子，他又亲自到场指挥，以致晚了一天送女儿去医院，等他晚上下山回来时，女儿已经离世了。作为父亲，他固然明白自己的失职，于是将亏欠女儿的心意，化作修建水渠的决心，作为生命的价值。

后来，山上山下的人包括这条水渠，都成了他的子女。他也成了时代楷模，“七一勋章”获得者，甚至有了一座关于自己的纪念馆。在已然近于九十的年纪，他也不曾安享晚年，而是将誓言装在心里。渠边，到处都是他巡逻的身影。

那句“过不去水，拿命来铺”的誓言穿越了三十年的沧桑，初心未改，仍旧回响。脑海中的背影反复出现，尽管已然有些佝偻，但他脚步依旧轻快生风。当他弯下腰查看水渠时，佝偻的身躯上扛着的是对一方百姓的责任。如高山般缓缓倾倒，只为遮风挡雨。尽管岁月压垮了他的身躯，但他的精神却愈发显得挺拔。

下山的路上，脑海中依旧回想着纪念馆陈列的种种，蓦地发现，老支书与孙少平两人竟如此像。孙少平坚毅，揽工干活，吃苦受累。在经历了失去田晓霞的至暗后，将自己的一生留给了大牙湾煤矿。老支书坚韧，为了一句誓言，为了一条渠，咬牙坚持了三十年。失去女儿后，他将此作为一生的事业而奋斗。

梁衡说过，一个人如果将自己的生命投入一种事业，那么，生与死便不再有什么界限。我相信当老支书入党，回乡，修渠，当他迈向悬崖时，当孙少平背着行囊，从双水村、黄原，到大牙湾，当他迈出村口时，如乳虎发出第一声鸣啸，如雏鹰迈出峭壁第一次振翅，他们的生命都陡然奔向了崇高与深刻。高如煤堆，深如水渠。

会当凌绝顶后，方可览众山。生命如斯，当行至极高、极深处，每一次呼吸都震耳欲聋，经久不息。

初 2025 届 13 班 王俊泽

春

在一个幽静的山坳中，有一个被山体半掩的老村。

村的中央，有一棵庞大古怪的老槐树。它饮着裹满泥沙的黄河水，迈着苍老的步伐，从烟尘中怒喝，将生命从土壤中唤醒。天光乍现的晨曦，所有人都昂起头，试图睁眼，哭泣，拥抱母亲。

在这片土地上，有一个奇怪的规矩：给人取小名。

比如那个妇人，她叫春。

她的身影埋藏在那些妇人中，大步流星挪步在河畔。山母看不见她们，村汉闹叫着忽视她们，孩子们天天胡蹿，惹得她们天天拿赶骡子的鞭子摔打，在威风凛凛的破空声，彰显神威。

村子就是靠这群妇人“摔”出来的。庄稼要靠妇人的呵护，壮汉要靠妇人的怒骂，才把牌九纷纷交出；孩子要靠妇人的鞭子，才把发黄的烂本子捧在手上……

春的脸上粗糙，像沙砾刮着黄风。眼中似乎总是苍茫一片，除了日出时，她看向山。那时的光芒，似乎能透过她灰白的心脏。

她总是拉着小女儿，在摘苦菜的时候爬上山头去。

老师说，山的那头是远方，是和美好相会的地方。春的女儿这么说，可她望啊望，却发现：未来怎么仍是一片山连山的坡？

春很矮。因为每日弯腰劳作，她的背已经被箩筐和孩子压弯了。

她放下那把苦菜，用苍老的手，费劲地将女儿向上托举。平时能扛起重米，能搬动重柴的那双手，为什么此时托起女儿都这么费劲？她似乎在被山吸引着向下坠。

春开始思考，为什么人会落到土地上，而不是飞起来。

她问过她的爸爸。

爸爸说，槐树也是从土里长出来的，劳苦人总是踩着土过活，越踩，日子越踏实！只有神仙才能飞起来！

你定是最近闲了，春！又没好好干活吧……

嗯。

真的不能飞吗？孩子摸着她的脸，嘴里满是苦菜的苦涩。苍鹰的长啸从遥远的云间飞来，穿透女儿的心脏。天空泛白了，鸡该打鸣了，春，冬天来了。你不去舂米吗？

她抱着女儿，挺立着弯曲的背，如同伟岸的苍鹰。

脚下是厚实的山，有驴子和骡子的嚎，有槐树和黄河水。山上有一座破庙，掩映松林间。

你不去舂米吗？

她落下一滴泪，有松林和风，有土和米。有地里钻出的庄稼和苦命人，从黄河里怒吼。带来生命的老槐树，闪烁着清晨的光辉。生命的浩荡与平庸，飞扬的尘土，广阔的天空，踏不到边界的苦菜。女儿。太阳。

女儿轻轻抚摸她的脸，贴了上去。

是生命的味道。生命是什么呢？

红云如火焰在遥远的天边燃烧，周围火舌纷飞，飞到女儿离去那天。

她扎着红头绳，骑着一匹挨饿的瘦马，乱步五六，晃荡着，向山外飞驰了，直到如同离群的鸿雁，零落没了影。

春解下盘着的辫子，宁静地，注视着寂寥的万籁。

今天先不舂米了。明天，再说。

初 2025 届 11 班 张思琦

卷八 刹那永恒

蝴蝶振翅成飓风，
露珠折射大千界

茶烟轻扬处，浪漫自悠然

一方小巧茶碗，盛着黄白交融的澄澈琼浆，袅袅热气仿若灵动的白色流云，翻涌升腾，与茶杯外壁绘就的灼灼桃花相映成趣。淡雅之韵如涟漪般徐徐晕开，裹挟着丝丝缕缕的清幽茶香，于空气中悠悠荡漾，一波又一波，直沁心脾。

犹记孩提之时，书法课上满溢着别样的雅韵。书法老师一开课，便郑重其事地点燃一炷香，袅袅香烟瞬间为课堂笼上一层朦胧诗意。继而，他将茶具精心摆置，不紧不慢地烧开一壶水，而后开始烹茶。一个盖碗，三只茶杯，这般简约质朴的配置，却满含无尽意趣。老师独爱淡雅茶香，白茶便成了他的心头好。只见他取来小半盖碗的铁观音，将滚滚热水倾入其中，刹那间，热气蓬勃而起，茶叶似被唤醒，尽情舒展蜷缩的身姿。头道茶汤，主要用于清洗茶叶与温热茶杯，随即被迅速倒掉。待第二泡时，才是真正的精彩。滚烫开水再次注入，将盖碗盛满，老师手持碗盖，轻轻拂去浮沫，动作轻柔且娴熟，随后合盖，静泡半分钟，恰到好处之际，茶汤缓缓倾出。老师的每个动作，皆如行云流水般自然流畅，举手投足间满是韵味，恰似一幅灵动的水墨画，透着一种难以言喻的浪漫美感。

泡茶的过程，无疑是一次极致的感官享受。动作舒缓而细腻，在碗盖与茶水的交错间，仿佛轻舟缓缓划过平静湖面，漾起一圈圈安宁与平静的涟漪。这份宁静沉淀在心底，化为一抹深情厚意。品茶之际，手握毛笔在宣纸上挥毫泼墨，墨香与茶香相互交融，心境竟莫名地舒缓下来。茶之清，墨之浓，相互映衬，恰似一双温柔的手，悄然放慢了时间的脚步。在这柔情氛围里，清欢满溢，恰似浪漫的笔触，绘就独有的美好画卷。

每逢过年时节，家中常见的便是浓茶了。家中长辈们总会拿出大茶壶，随手抓上一小把茶叶，倒入开水后，便将茶壶静置一旁。此时喝茶，无须讲究时间，随性自在，想喝时便斟上一杯。常常一个上午过去，一杯茶也才喝了半杯。再次打开茶壶，映入眼帘的，或是深邃幽远的墨绿，或是神秘醇厚的棕色。茶香也变得深沉悠长，似藏着无数故事，让人捉摸不透。轻抿一口，先是浓郁的苦涩在舌尖散开，那滋味醇厚浓烈，随后，回甘悠悠泛起，令人回味无穷，其中滋味，难以言表。

阳台上，家中长辈与老友相对而坐，举杯对饮。他们一边浅酌浓茶，一边回忆着往昔岁月。茶杯温热，一口浓茶入喉，苦涩率先袭来，而后丝丝甘甜缓缓泛起，馥郁香气萦绕鼻尖，顺着喉咙流淌而下，直抵心间，仿佛将满心的惆怅都倾诉出来。一杯浓茶，恰似一把神奇的钥匙，唤醒了沉睡在心底的记忆。那些光辉岁月，如优美诗篇，似激昂乐章，更像这杯浓茶，在漫长的时间里慢慢浸泡，留下的回味永远是苦中带甜。这种独特的感觉，蕴含着专属的浪漫。毕竟，在这茶香袅袅间，是在浪漫地寻觅被时间冲淡的自己，努力找回那份最本真的初心。

茶，生于人间，在一碗清水中舒展、交融。它带着泥土的质朴芬芳，承载着阳光的温暖照耀，最终为人们带来的，是世间最根本、最纯粹的东西。它不像酒那般热烈奔放，却在淡雅之中，激起最能触动人心的涟漪。在忙碌的生活中，我们常常遗忘的，苦苦追寻的，不正是一杯茶所带来的那份情思吗？正如林清玄先生所言："浪漫就是浪费时间慢慢喝茶。当你浪费时间慢慢散步，浪费时间慢慢吃饭，就会自然生长出浪漫。"

细品一盏香茗，看那流云般的白烟升腾。让心灵在这茶香四溢中，于世间自在遨游，浪漫之情，便会在心底悄然漫溢，经久不散。

初 2025 届 6 班 姜飞丞

童真

孩子们，真的是这世界上最美好的存在。从他们充满稚气的笑容与话语中，我们能感受到一种别样的美——童真。它超脱世俗，纯净自然，如同山林里的溪流涧泉，是暗夜中的月辉清盏。

我在家上网课时，学业上受挫使我心情低落，加上没有办法外出，心里更加压抑。一连几个月，窗外是一片霏霏淫雨，空气中夹杂着寒冷，天地间灰蒙蒙的一片。终于在一个周末，天气放晴了，我打算出门走走。

久违的金黄色阳光穿枝拂叶，给死气沉沉的小区重新注入了温暖与活力。灰白的苍穹恢复了往日澄澈的湛蓝，云朵流动，宛如画卷。素洁的纯白色李子花在和暖的日光下吐露馨香，让人心旷神怡。我漫无目的地四处走动着，走在熟悉又陌生的草丛间的石砖路上，内心有种说不出的欣喜。经过一棵繁花盛开的李子树时，一个清脆的童音叫住了我："姐姐，一起来吹泡泡吧。"回头一看，是个七八岁的小女孩，棕褐色的头发，容貌清秀，身旁还有一个年龄小一些的男孩，很可爱。两个孩子戴着天蓝色口罩，一人手中拿着一瓶泡泡液。"好啊！"我欣然答应，接过小女孩递过来的泡泡液，我和她一起轻轻舞动。只见一串串晶莹圆润的球体在明媚的阳光下纷飞，七彩的浮光在其间流转，轻盈，梦幻，闪烁。飞舞的泡泡映着两个孩子灿烂的笑靥，我只觉得他们戴的天蓝色口罩和晴空是一个颜色。我心中荡漾起一种久违的快乐，便用手机记录下了这温馨的时刻。“是的，一切都会好起来的。”我在照片下配文。

准初三的暑假，为了提升自己的体育成绩，我加入了一个体育培训班。每天长达两小时的训练自然是痛苦的，再加上身体的协调性从小就不如同龄人，这对我来说无疑是一种折磨。但没有办法，我必须坚持下去。培训班有个小女孩，是我女老师的女儿，乌黑的发辫，一身干练的运动装，极显身手矫健。她时常来培训班看我们上课。“姐姐，加油！你要坚持过去啊。”“姐姐，你要这样做，不要勒着脖子。”当我做俯卧撑感到体力不足时，她用甜美而有力量的声音鼓励我；当我对有些运动项目不熟悉时，她都会耐心地指导我，一切都那么娴熟。汗流浃背的青春里，她的出现无疑是一道靓丽的风景。我的体育成绩能取得一定的进步，也有她的一份功劳。

童真，在困难的时期带来鼓励与治愈，让我们相信，即使在黑暗中，也会有微光。同时，它也能为平淡的生活染上绚丽的色彩，带来快乐与激情。

我仍旧记得上初二时一个星期六的晚上。初中的学业任务比较繁重，我每天埋头学习，为的就是能取得成绩上的进步。学习的日子难免有些枯燥和乏味，但仿佛已习以为常。在那个周六的晚上，我和家人以及爸爸朋友的两个孩子外出聚餐。聚完餐乘车回家时，静秋和成成感到无聊。“姐姐，我听说你很会讲故事。要不今晚就给我们讲几个故事吧。”静秋灵机一动。我爽快地答应了。见车窗外，皓月当空，星空浩瀚无垠，清澈高远，城市的灯光再令人眼花缭乱，也遮不住它的善良与明净。于是我编了一个关于星星的故事：“乘着清光四溢的弯月船，在闪闪发光的银河上泛舟。星星是鱼儿，在乳白色的水里漫游……”当我讲述时，他们的眼睛闪烁着期待与好奇的光芒，比夜空中的星辰还要明亮。那一晚，我的心中满足又幸福，仿佛荡漾着星星的涟漪。之后的每一周，我有了更多激情，每次最期待的事，就是他们听我讲故事。

“万千的天使啊，起来歌颂小孩子。”是的，每一个孩子都是天使，他们的童真是上天赐予这世界最珍贵的礼物。夜深人静时，我双手合十祈祷，由衷地祝愿世间的每一个孩子都能沐浴阳光，茁壮成长，用天使的透明羽翼，飞向比梦更远的远方；也希望每一个大人都能永远心怀纯真的爱与勇气，带着笑容手捧玫瑰踏过荆棘。

童真是一面永不蒙尘的镜子——每个俯身照见它的人，都能找回自己最初的模样，那个相信一朵云、一颗糖、一个故事就足以丰盈整个宇宙的模样。

初 2025 届 14 班 彭思媛

梦里人间

黄昏天边搁浅伴着晚风留下笑脸
云朵轻抚侧颜与你相约去天边
于是夜色经过代替泪水的蔓延
你沿天路慢慢荡离去的路不显眼
香炉里的青烟能否托起心愿

或许病床前的月光比传说更纯洁
你我不过碰巧在这路上跌一跌
看尽尘世沧桑仍明亮澄澈的双眼
还时刻闪烁在我的心里面

轻轻推开几十年尘封的吱吱呀呀
不知破旧屋檐是否闪烁着烛火
不知你在那边是否有人陪着过
那曾经我们一起走过的小路梯田
你是否还会怀念在那天边

那天我在梦里遇见你笑得
多温柔
轻轻朝我挥着手指着繁花
落梢头
轻轻靠在你肩头看那晚霞
挂城楼

于是
我们一起慢慢走
向那青空云里游

初 2025 届 9 班 唐麟杰

舍得

舍与得，就像天平的两端，看似相互拉扯，又似乎有着某种神秘的平衡。

小时候，我总会在一些小事上纠结舍与得，比如是放弃玩耍的时间去多做几道习题，还是尽情享受当下的快乐而不顾及学习任务。那时候的我，意识到这两个字之间有着千丝万缕的联系，却又说不清楚。

随着年龄的增长，我越发觉得舍与得就像一场无声的博弈，在我们生活的各个角落悄然进行着。“先学会放下，才能获得”，这一观点似有哲理；“须先得到，不然拿什么放下”，此说法亦觉有理。舍与得，好似一对冤家，却又似亲密无间的伙伴，令人费解又引人深思。

舍，是一种自我保护，宛如心灵的避风港。一个人若背负过多记忆、知晓太多世事、体会过盛的悲喜，便易被重负压垮。舍掉不必要的负累，是身体与心灵的本能反应。就如回忆这一“磁盘”，随着时光流转，会渐渐模糊消损。若事事牢记，我们恐将深陷过去的泥沼，难以挣脱悲伤与麻木的桎梏。恰似那懵懂的傻子，虽看似愚笨，却因能舍弃不必要的烦恼，比常人更具顽强的生命力，不为琐事所累，活得自在洒脱。于我们的成长而言，学会舍弃，便是懂得轻装上阵，不纠结于过往的得失，不沉湎于已逝的辉煌或伤痛，从而能以更豁达的心境迎接未来的挑战。

得，则是一种积极争取，是对梦想与价值的执着追寻。古人云“天地一逆旅”，我们在这短暂的人生旅途中，奋力去得、去争，只为心中的炽热渴望与生命的崇高价值。哪怕前路荆棘密布，成功遥不可及，也绝不放弃努力。我们以努力为羽翼，以欲望为导向，向着目标奋勇前行，力求用自己的拼搏换取命运的垂青。在成长路上，这种对“得”的渴望与追求，驱使我们不断学习新知识，掌握新技能，突破自我局限，攀登人生高峰。每一次为梦想拼搏的过程，都是成长的宝贵经历，无论最终结果是得偿所愿还是留有遗憾，都让我们变得更加坚韧成熟。

然而，舍得本为一体，不可分割。在成长历程中，得到的瞬间，舍去便已悄然启程。世间之人，无人能相伴永远，相聚终有别离，或生离或死别。曾经的所得，终会在时光长河中渐渐消逝。既然如此，又何必过分纠结得与舍的结果呢？成长的道路上，我们应秉持豁达之心，不被一时的得失所迷惑，专注于自身的成长与内心的充实。

正如杨绛先生所说：“人生最曼妙的风景，竟是内心的淡定与从容。”路虽远，行则将至；事虽难，做则必成。在人生的道路上，坚定信念，懂得取舍，我们定能坦然面对风雨，也能欣然迎接不断成长的自己。

初 2025 届 10 班 唐熙宸

懂得

走在川流不息的车流旁，穿梭在高楼大厦之中，被淹没在人群里，我有时候会忘记自己的名字。时代的车轮轰轰地前进，我们在一瞥即逝的车窗玻璃上找寻自己的影子。只看到自己的脸，苍白、渺小，我们的自私与空虚，我们恬不知耻的愚蠢——谁都像我们一样，然而我们每一个人都是孤独的。

初三的学习生活更为逼仄，更为狭隘，又或许是自己心境的变化，我的生活都被打成了一个结，不知从何而解起，原本与我相伴的奶奶也突然开玩笑似的宣称她要去跳广场舞。我对奶奶的决定最不支持，印象中的奶奶温柔娴静，退休前的她是老师，老花镜在她脸上都不是老式镜框，而是银丝镜框。不再上班后，她更是天天伏在书案之前，以清茗为食的样子。对广场舞，我则是一直嗤之以鼻的，吵闹的音乐不堪入耳，舞蹈更是无聊。我百思不得其解。

每天放学后我形只影单地到人群围满的舞队里找奶奶。在远处看她手脚笨拙，死活跟不上节拍，歌词过了一句又一句，才反应过来。她在一众灵活的大爷大妈里尤为明显。我知道奶奶可以说是一点体育细胞也没有，也知道她其实更喜静。如果很累很辛苦，为什么要继续呢？但她每天都雷打不动地坚持着。

日子一天天过去，我渐渐习惯了奶奶的“转性”。她在家说的话好像更多了，也不再以喝茶“为生”了，还时不时地哼着歌捏个花手出来，她已经很久不伏在书案前了。她与我印象中那个不食人间烟火的奶奶已经渐行渐远，甚至大相径庭了。我不知道该高兴还是为世俗的胜利而忧戚，但看到她开心，其实我也很开心。

某天去她的房间里找书，瞥见了她在日历上做的小标记。这几天来都是稚拙地画个笑脸和“终于可以对着歌词跳完一首歌了”等，我心里轻轻地震了一下，当看到一个月前日历上的一连串空白，我屏住呼吸，然后映入眼帘的是一句“终于有事情做了”，我才放下心来。

奶奶原来不是一时兴起，而是一直在寻找她自己。我以自己的眼光将别人的人生分为雅俗之流，却忘记了她的过去与未来的割裂，她用自己的努力克服无能为力。

我终于懂得了奶奶的勇气，或许不被了解，或许被当作一种滑稽，但她走过了不被理解的孤独，开始拥抱自己，成为自己的太阳。

奶奶在她的年龄尚追求着自己的价值，而我正值年少，一定能在浮沉变化的时代里留下我自己的声音。我看见了她，才终于懂得了这样一种勇气。

初 2025 届 2 班 雷莹莹

懂得

外公当过炊事兵，是个军人。准确来说，外公是个军人，却只是个炊事兵。

他做饭很有军营里的风格，如猪肉炖粉条这些东北菜是手到擒来，从不曾失误，极端挑剔的表姐也只好一口他煨的鸭汤。他喜欢背着手在家里踱来踱去，唱那几首老红歌，或者摇着他的蒲扇看抗日神剧。他还喜欢一遍又一遍、一回又一回诉说他在黑龙江服役，做出香喷喷的饭菜时战友们脸上的欣喜。

我曾无比崇敬，四处炫耀外公是军人，参加过什么战争，后来发现连年份都对不上。年幼的我认真地问他："你是军人吗？"他回答："是呀，我跟你讲……"我又问他："你拿过枪吗？"他反应一会儿，乐呵呵地说："没有。我是炊事兵。"我问："给军人做饭？"他说："不算哩，有时候吧，多半儿给农民做饭，农民给军人种菜。"

他又开始重复老故事。我愕然，一个炊事兵，一个枪都没拿过的炊事兵，一个不知道哪个排哪个连的炊事兵，为什么对这个"荣誉"耿耿于怀？我不懂。

今年暑假，他跟着我们第一次去了北京。当晚十一点我们上床休息，凌晨一点二十被外公“邦邦”的敲门声叫醒。我揉着惺忪睡眼不情不愿地爬起，开门发现他叉着腰，瞪着俗气的绿手表着急地跺脚，戴着他的红军帽：“我已经让你们多睡了五分钟，再不走看个屁的升旗！净看人脑袋！”

检票、排队、检票……我困得差点儿站着睡着，外公越等越兴奋，低声地念叨：“天安门……天安门，”时不时取下帽子，哈口气罩住上面的红星，理着袖子把它擦得锃亮。最后一道关卡，人群开始狂奔向城楼，外公起了架势端着手，拉起我就跑。“慢点！你身体不好摔着咋办！”我觉得他简直是疯了，回头，其他家人早淹没在人海里。“摔着，也值！”到达观看点后，我们发现来得虽早，人依旧那么多，他伸长脖子，目光一刻也没离开过天安门城楼。即使隔了那么远，毛主席的画像还是那么清晰宏伟，天安门城楼还是那样威武，那古典榫卯结构与毛主席摸过的栏杆，那璀璨得像点燃了东方天空的金光勾勒，不知道在外公梦里出现了多少次？

默默地又等了一个小时，人群躁动起来，外公的目光终于转向了旗杆，在那里，他所见过的最大、最红的国旗伴着渐亮的东方与渐响的国歌合唱升起。外公“啪”地行了个军礼，比我见过的任何一个军礼都敬慕与忠诚，没有牙的嘴拼凑出完整正确的歌词。我放下竭力拍清国旗护卫队的手机。在外公梦里，金水桥被他跨过无数次，红旗被他皱巴巴的手摸过无数次，战场上那把钢枪，被他擦过无数次。懂得，往往是在一瞬间。

外公老糊涂了，错误地把两句话混在了一起：“不想当将军的癞蛤蟆不是好癞蛤蟆。”不管是冲锋在前，还是当个后勤炊事兵，外公都不在乎，他只在乎他是否为国家做了哪怕一丁点贡献，是否能让为国家的繁荣而牺牲的人如愿。他的红歌，他的军帽，他的眼神与他炊事员的“名讳”，让我懂得：大义面前无蝼蚁，世事真心，论英雄。

初 2025 届 12 班 罗清扬